"La Guía de la Emprendedora Exitosa"

EL CAMINO HACIA EL NEGOCIO DE TUS SUEÑOS

Paloma Peña

El número de ISBN es 978-0-578-45962-2

DEDICADO A:

Al más grande amor y motor en mi vida, mis tres hermosas hijas Paloma, Montserrat y Emilia.

Y especialmente, con todo mi cariño a todas las mujeres que están en la búsqueda continua de aprender, crecer y mejorar.

CONTENIDO

AGRADECIMIENTOS

Gracias a mi compañero y amor de mi vida, mi esposo. Por siempre apoyarme y creer en mí.

Gracias a mi familia, hijas, mamá, hermanos y sobrinos, porque ustedes son el lazo más sólido, fuerte y amoroso.

Gracias a mis amigos, porque ustedes hacen mi vida más divertida y alegre.

Y gracias a mis mentores, por su sabiduría y conocimientos que me ayudaron a hacer esto posible.

PREFACIO

La idea de empezar a escribir este libro surgió hace más de un año como un sueño. Tenía claro que lo que quería era aportar algún tipo de herramienta que ayudara a aquellas personas que no tienen acceso a cierto tipo de información. No sabía en qué me iba a enfocar, pero sí sabía que quería dejar plasmado en mi primer libro mi esencia. Y decidí enfocarlo a mujeres emprendedoras, guerreras, trabajadoras que quieren salir adelante y cumplir sus sueños.

Ha sido un viaje de mucho aprendizaje, ya que este viaje no empezó hace un año sino hace más de 20 años cuando empecé a notar que lo mío era observar cómo funcionaban los negocios, generar ideas e imaginarme como sería si yo recreaba esos negocios que me gustaban. Recuerdo que me fui dos veranos seguidos a Vancouver donde vivía mi hermana. Decidí irme porque las vacaciones eran súper largas y me aburría, pensaba que podía de alguna manera aprovechar mejor ese tiempo. Estando allá, pasaba mucho tiempo sola, pensando y viendo como era vivir en el primer mundo. Me encantaba salir al centro de Vancouver y caminar por Robson Street y sentarme a tomar un café con un libro en una cafetería que se me hacía increíble, Starbucks, ahí fue donde conocí esta cadena. Y era todo un ritual pedir mi café, sentarme en la esquina y ver pasar a toda esa cantidad de gente de diferentes países y religiones.

Cuando regresé a México le conté a mi mamá que había conocido un negocio increíble y que me encantaría abrir algo parecido en la ciudad que vivía, Morelia, Michoacán. En aquel tiempo, solo existían las cafeterías tradicionales.
Recuerdo que me dijo que era una buena idea y ahí quedó. A los pocos años, se dio el boom de las nuevas cafeterías y años después llegó el que ahora es un gigante "Starbucks". Siempre me quedé con esa idea

de que yo había pensado en este modelo de negocio antes de que fuera un boom en mi país. Y al final esa semilla quedó plantada en mí ya que mi primer negocio fue una cafetería. Me casé y quería hacer algo, entretenerme, ser productiva y no solo ser una ama de casa, entonces le pedí a mi esposo si me apoyaba y abrí una cafetería en el norte del país donde vivía en ese momento y donde todavía no se conocían los cafés frappés ni los capuchinos. Mi cafetería fue la primera en ofrecer esos productos. Estaba tan inmadura en muchos sentidos que al final no funciono como yo esperaba el negocio y lo dejé. Dos años después, cuando tuve a mi segunda hija, nuevamente empecé a sentir las cosquillas de querer hacer algo más y generar dinero. Me estaba dedicando completamente a ser mamá y estaba feliz solo que había algo que me movía a querer sentirme más productiva e independiente. Un día un conocido me habla para ofrecerme su restaurante porque él se iba de la ciudad, esa misma noche nos reunimos y le dije que sí se lo compraría, sin tener el dinero para comprarlo y sin saber si realmente era buen negocio. Después de haber hecho el trato y ya con el negocio siendo mío me di cuenta de que el restaurante estaba en quiebra y era obvio porqué lo habían traspasado. Pero no me importó, me comprometí a que lo iba a levantar y que iba a ser un éxito. Hoy puedo decir que sigue siendo un éxito después de 12 años a pesar de que actualmente lo manejo a distancia al tener que salir de la ciudad por el peligro ante los cárteles de la droga y a la situación de inseguridad que existe en estados como Tamaulipas ubicado al Norte de México.

Estas dos situaciones fueron las que me ayudaron a ver que era posible recrear mis ideas y llevarlas a tener éxito. El camino de emprender ha sido en general altas y bajas, he tenido muchos tropiezos y muchos más aprendizajes. También creo que, si hubiera tenido las herramientas con las que cuento ahora y las cuales te voy a compartir en este libro, hubiera podido acelerar más mi crecimiento.

Hoy no solo tengo un restaurant, tengo negocios en otras industrias, y lo principal es que he podido ver como lo que me he propuesto lo he logrado y es por eso que creo que cualquiera que se lo proponga lo puede lograr. Esto sucedió gracias a 5 cosas:

1.-El tener siempre una motivación, algo que te mueva más allá de ti. Esa motivación principalmente ha sido mi familia. En tu caso puede ser tu educación, el dinero, el reconocimiento, lo que a ti realmente te motive. El poder dejarles un legado a mis hijas y las herramientas necesarias para que puedan salir adelante. Esa es mi mayor satisfacción y motivación.

2.-El seguir adelante, ser perseverante a pesar de muchas veces querer tirar la toalla. Porque el salirte de tu zona de confort es incómodo. Aprender a seguir adelante a pesar de la incomodidad. Pensar y saber que entre más incómodo la recompensa es más grande.

3.-El tener claros tus objetivos, el saber bien que es lo que quieres lograr. Una vez teniéndolos claros, ponerles fecha límite de tiempo. Respecto al tiempo, aprende a priorizar y darle su importancia a cada área importante de tu vida.

4.-El pedir ayuda. Es increíble como el armar tu equipo es lo que te puede ayudar a crecer más rápido. Con equipo me refiero no solo a las personas que trabajan para mí, sino también a mi familia, mi mamá que forma parte fundamental en mi vida ejemplo de lucha y perseverancia, mis hijas, mis hermanos, mis amigos y por supuesto mi gran pilar mi esposo. El tener un compañero de vida que te apoye y te soporte en las buenas y en las malas es la mejor estrategia para tener éxito.

5.-Por último, y creo que esta sería la más importante. Invertir en ti. El poder aprender constantemente es lo que me ha dado las habilidades que tengo hoy. Créeme que nada te va a dar más retorno de tu inversión que invertir en ti. Lee, toma cursos, escucha podcasts, ve a talleres, busca mentores, todo lo que sea para mejorar y ser la mejor en lo que hayas decidido serlo. Y después de aprender, súper importante. PONLO EN PRACTICA. No te quedes con el conocimiento solamente, ve y practícalo todos los días. Por algo es el dicho de la práctica hace al maestro.

Te invito a que disfrutes este libro, capítulo a capítulo. Estoy segura que si lo compraste es porque estás en el camino para tener éxito. La mayoría de las veces pensamos que es súper difícil lograr eso que tanto anhelamos, y te digo que es mentira. Solo son una serie de pasos. Todo lo que está escrito aquí es información que yo ya llevé a la práctica y me funcionó. Y no solo yo, muchas de las personas más exitosas en el mundo. Es tiempo de que trabajes y vayas por tus sueños.

1 LA SOCIEDAD SECRETA Y EL PODER DE LA INTUICIÓN

Este capítulo no estaba planeado en un principio, gracias a una de mis mentoras que me ayudó a ver que era importante agregarlo ya que como emprendedora, a lo largo de mi camino he tenido tropiezos y no siempre ha sido exitoso, han existido altas y bajas. Es muy importante que tengas eso en cuenta, que no siempre vas a estar en la cima, por el contrario, como humanos siempre tenemos estas altas y bajas las cuales son muy normales. Es muy importante identificar cuando estés en tus puntos más bajos, qué es lo que te está sucediendo, que pensamientos estás teniendo, que fue lo que activo el que te sintieras así para que puedas salir de ahí y retomar nuevamente tu camino hacia dónde quieres llegar.

Y así, te cuento sobre esta experiencia que tuve, la cual ha sido un parteaguas en mi vida. Estuve evaluando y reflexionando si el contar esta historia podría ayudar a alguien más a salir adelante y no darse por vencida. Mi conclusión fue que estoy segura que a más de una mujer le ha pasado que siente que no tiene el control de su vida y se lo da alguien más. Es mi responsabilidad como mujer y mamá de tres hermosas hijas, como empresaria, como coach, como esposa, como hija, como amiga, como todos los roles que tengo en este mundo hablar acerca de este tipo de situaciones que suceden en el mundo y de las cuales no estamos ajenas.

La historia comenzó hace aproximadamente 4 años. Yo tenía tiempo en búsqueda de algo más en mi vida, sentía que había algo más que yo podía hacer, algo más grande que yo. Mi primer intento por entrar en el mundo del autoconocimiento y crecimiento personal fue cuando mi hermana me habló para decirme que había estado en unos talleres increíbles en Miami y que yo debía de tomarlos porque teníamos muchas cosas que sanar y arreglar como familia y como personas. Como todas las familias, la mía también tiene su propia historia. Cuando tenía 9 años mi papá fue asesinado en la ciudad donde vivíamos, unos delincuentes fueron a uno de sus negocios y lo amenazaron, le robaron el dinero que tenía para pagarles a sus empleados y su camioneta. Mi papá era una gran persona y un líder de su comunidad, y como tal siempre había estado acostumbrado a ayudar a hacer valer la ley. Así que después de que los delincuentes salieron de su negocio, el sin dudar fue con la policía a decirles lo que había sucedido y junto con un joven policía fueron ellos dos en busca de estos delincuentes, no contando con que en el camino ya los estaban esperando, terminando la historia con el asesinato de mi papá y de este joven policía. Mientras escribo esto que sucedió, todas las emociones vuelven a sentirse como si fuera ese día en el que nos avisan que desapareció mi papá y más tarde que estaba muerto. Así, sucedió el primer suceso de gran importancia en mi vida. De ahí, todo cambió. Fueron unos años en los que yo creo que estuvimos en modo de sobrevivencia, acoplándonos a esa nueva vida. Y gracias a la guerrera de mi mamá, que nunca se rindió y nos sacó adelante a mis tres hermanos y a mí. Ella hizo todo lo que estuvo en sus manos para que nosotros tuviéramos lo que necesitábamos y más. Aun así, la pérdida ahí estaba y el no tener a esa figura paterna que siempre nos protegía y cuidaba fue muy difícil. De ahí, pasaron los años y mi segundo suceso súper importante fue cuando me casé. Yo decidí que mi esposo era el hombre de mi vida cuando tenía 10 años, aunque el todavía no lo sabía hasta muchos años después que empezamos a ser novios y le confesé que había estado enamorada de él desde la primera vez que lo vi en mi casa cuando iba a visitar a mi hermano. A la fecha, sigue siendo el amor de mi vida, mi compañero de viaje y uno de mis grandes pilares.

El tercer gran suceso fueron los nacimientos de mis hijas, cada una ha sido una luz en mi camino y el mejor aprendizaje que un humano puede tener. A la fecha son mi motor y mi motivación más grande.

El cuarto suceso yo lo defino como una etapa claroscura en mi vida e hice todo este preámbulo para llegar hasta ahí. Retomo lo que comencé al principio de este capítulo, cuando mi hermana me invita a estos cursos, y por razones de trabajo no pude asistir.

Meses más tarde, recibo un mensaje por Messenger donde una amiga de la familia de muchos años y hermana de mi compadre me estaba invitando a un programa de desarrollo de potencial humano con el cual ella decía haber tenido resultados increíbles y le estaba yendo cada vez mejor. Por razones de seguridad y porque al final los nombres no son lo importante en esta historia sino los sucesos, voy a omitir cualquier nombre tanto de la organización a la que pertenecía como de las personas involucradas.

En cuanto leí su mensaje, me interesó mucho, yo quería aprender herramientas para mejorar y para ser mejor persona. Eso era lo que estaba buscando y más que alguien conocida me lo estaba recomendando. Así, en los siguientes días decidí tomar mi primer curso en la ciudad de León, tuve un poco de resistencia antes de comprarlo porque nunca había pagado un precio tan alto por algo para mi desarrollo personal. Decidí tomar sólo los primeros 5 días de 15 que era el programa completo, porque no sabía a lo que iba y quería ver si me iba a funcionar.

Los primeros dos días fueron los más pesados, el penúltimo día me realizaron un ejercicio que se suponía era el más revelador ya que durante el proceso puedes llegar a quitarte el miedo más grande que tengas y desde el principio te van preparando para ese día. Yo estaba muy ansiosa por saber cómo iba a ser el proceso y sentía que con eso iba a arreglar esa angustia que sentía y ese enojo con que vivía. Y ¡sorpresa! no pasó nada, salí de ahí más enojada porque el proceso no había funcionado, me hablaron ya tardé en la noche por parte del staff para preguntarme que había sucedido y porque ya no quería regresar. La persona que me hablo se me hizo alguien super tranquilo y parecía que tenía una paz interna, era lo que yo veía en él porque era lo que más estaba necesitando en ese momento en mi vida. Contesté su llamada y me convenció de asistir al último día al curso. Ese último día llegó otra persona que decían tenía más habilidades. El me volvió a realizar el proceso y esta vez sentí que si había funcionado. Hoy no recuerdo exactamente qué fue lo que arreglé, pero en ese momento si sentí una especie de alivio. Salí de esos cinco días de ahí viendo todo diferente, después de no tener contacto con nadie más que las personas que asistíamos al curso y los entrenadores. Me sentía más tranquila y contenta. Antes de acabar el curso firmé para tomar los otros 10 días. Y así, al término de un año tome los 15 días. Además, cada año la organización llevaba a cabo un evento para festejar el cumpleaños de su fundador en un lago en NY y me decidí a ir porque quería tomarme unos días para mí sola y pensar que iba a hacer con mi vida. No sabía que era lo que iba a hacer, sabía que mis hijas eran lo más importante, pero era lo único que tenía claro, era como si todo mi sistema de creencias, todo en lo que yo creía se había roto y tenía que empezar a rehacer pieza por pieza.

Mi esposo sintió que podía perderme y quiso acompañarme a este retiro de 10 días a NY. Yo no quise, quería estar sola, evaluar toda mi vida para poder decidir qué era lo que seguía. Después de 5 días de estar en aquel lugar (todo super raro y diferente a lo que yo había vivido antes), decidí hablarle a mi esposo y decirle que no sabía como pero quería que el siguiera en mi vida y que le echaríamos todas las ganas juntos para salir adelante.

Después de algunos meses decido tomar otro curso en la ciudad de Monterrey, el curso era enfocado en la familia y los valores. Durante esta semana que estuve en Monterrey la líder de la organización de esa ciudad habló conmigo. Me ofreció que yo me convirtiera en coach de la organización. La idea de ser coach era seguir creciendo y ayudar a otras personas a crecer. Acepté y empecé a asistir cada mes a Monterrey, pagando todos mis viáticos. Mi trabajo era ayudar como staff durante los 5 días que duraban los cursos, no había sueldo y la ventaja que tenía al asistir era que yo seguía aprendiendo. Yo y los coaches que estuvieran en el mismo rango nos tocaba hacer las tareas más básicas, como estar al pendiente del Coffe break, sacar copias, comprar lo que se necesitara para la operación del curso, etc. Éramos los peones en el nivel más bajo de la organización. Yo estaba de acuerdo y creía firmemente en que todo lo que estaba aprendiendo me estaba ayudando mucho en mi vida. Era un intercambio, yo daba mi tiempo a cambio de conocimiento y desarrollo de habilidades.

Pasó un poco más de un año y empecé a hacerme cada vez más presente en la organización en Monterrey. Me invitaron al primer Summit (reunión de coaches) que se realizaba en Nueva York. Quise asistir cuando me dijeron que era como tomar un curso intensivo con valor de $10,000 dólares y como eran coaches el costo solo era como el 10% de lo que costaba un curso completo, además podía conocer a los fundadores que era una mujer y el "gran fundador" al que todos veíamos como el maestro de maestros. "El hombre más inteligente del mundo" así se hacía nombrar, con el IQ de los más altos en la historia. Así es como lo vendían. Era sorprendente encontrarte con más personas que como yo estaban buscando herramientas para crecer y estas ganas de ayudar a que el mundo fuera un mejor lugar. El ver personas muy poderosas económicamente, como algunos hijos de expresidentes de México, artistas, arquitectos, empresarios muy reconocidos. Así es como yo confirmaba que estaba en el lugar correcto para lograr mis sueños y ayudar a más personas a que los lograran.

Seguí asistiendo a más talleres y ayudando como coach en más cursos que se impartían en Monterrey. En una de esas ocasiones, se acercó la líder de ese centro con la cual tenía más o menos contacto y me invita a participar en un grupo de mujeres que tenía el propósito de ayudar desde distintas posiciones en el mundo.

Me explicó que era un grupo secreto y que antes de poderme dar más información tenía que darle algo a cambio de yo no decir nada sobre este grupo. Pasara lo que pasara nadie podía enterarse de que yo pertenecía a él y de que existía una sociedad secreta de mujeres. Yo en ese momento tenía cierta admiración por esta mujer y la respetaba, además como su rango era más alto que el mío en la organización ella tenía autoridad y era respetaba por más personas, no sólo por mí.

Cuando me hace esta invitación, me sentí privilegiada. Me dijo que no les decían a todas las mujeres, que yo había sido elegida entre varias y que además iba a tener muchos beneficios porque se trataba de que las mujeres construyéramos carácter para lograr nuestras metas. Le dije que sí quería ser parte de eso. Ahí en ese momento es donde empecé a escuchar a mi intuición. Cuando dije sí, estaba súper nerviosa, con una sensación en el estómago que yo le llamo miedo, no sabía porque sentía eso cuando a lo que me estaban invitando era algo supuestamente "increíble", íbamos a poder ayudar a más personas. Me dejó claro que había mujeres muy poderosas dentro, y sí lo creí ya que llegué a conocer a algunas mujeres con mucho poder político en Nuevo León que pertenecían a la organización, que también eran coaches.

Cuando más me asusté fue cuando me explica acerca de la garantía que tenía que darle a cambio de mi silencio. Sentía que algo no andaba bien, mi intuición me decía que eso no era para mí. Sin embargo, mi lado racional o mi otro yo me decía que eso era lo correcto y que yo iba a pertenecer a algo más grande donde podría ayudar a muchas más personas.

Primero me pidió algún bien, una cuenta de banco o algo que estuviera a mi nombre. Le dije que no tenía nada a mi nombre, entonces me preguntó ¿qué es lo que más quieres en el mundo y que nunca querrías perder? Ella sabía la respuesta porque me conocía. Le dije que mi familia, entonces me dijo: Si no tienes nada a tu nombre y necesitamos una garantía para que puedas entrar al grupo graba un video en donde digas algo que sabes que si sale a la luz vas a perder a tu familia. No podía creer que me estaba pidiendo algo así, fueron momentos decisivos de mucha confusión y me sentí acorralada porque por un lado sentía que no estaba bien lo que me estaba pidiendo, pero por el otro sentía que me iba a perder de pertenecer a algo en lo que "supuestamente" ayudaría a muchas personas. Entonces me dijo te voy a grabar en un video donde vas a decir una mentira y en el caso de que yo dijera algo sobre esta organización este video saldría a la luz y yo perdería a mi familia por lo que había dicho en ese video. Le cuestioné porqué era necesario mentir, porqué era necesario la garantía. Me dijo así son las reglas, si quieres pertenecer tienes que cumplirlas.

No me gustó nada lo que estaba haciendo, pero mis pensamientos seguían diciendo que todo estaba bien. Después de grabar el video, me dio a firmar un contrato en donde venía todo en inglés. También cuestioné esa parte a lo que me dijo que era solo un trámite ya que en EU demandaban por todo. Me quiso sonar lógico, pero tampoco me gustó.

De ahí, al mes asistí al último Summit en NY, no el último que sucedió, pero si el último al que yo fui. El primer día que llegue me comentó esta misma mujer de Monterrey que iba a haber una marca que todas nos teníamos que poner como forma de identificar a nuestra organización de mujeres. Lo primero que pensé fue en un tatuaje. Cuando me enseñó su marca me sorprendí, se le veía muy fea, parecía que se le había hecho una cicatrización queloide y no era un tatuaje era una marca que yo nunca había visto. Me empezó a dar mucho miedo, le pregunté si me iban a sedar o dar algo para el dolor, y me dijo que no. Que la importancia del proceso era pasar por ese dolor de manera que nos diéramos cuenta que a pesar de sentir dolor nosotros estábamos bien.

Cuando le dije que su marca estaba muy fea creo que fue la primera vez que la noté nerviosa. La noté evasiva y me dijo que ya no preguntara más, que el proceso de la marca iba a ser en unas horas y que iba a ser en la noche después de terminar con nuestros talleres.
Terminaron los talleres de ese día y esperamos una hora

aproximadamente porque nos iban a llevar a hacer esta marca. Éramos yo y una amiga que también era coach y con la que compartía hotel cuando iba a NY. Ella también era parte de la sociedad secreta. Mi amiga terminó contándome que ella ya había invitado a más mujeres a que pertenecieran a esta sociedad y debajo de ella había como 8 mujeres. Recuerdo muy bien que riéndome le dije de verdad que tú todo vendes, si agarras basura y la pones en una bolsita, la misma bolsita que venderías. Se lo dije porque yo también tenía que invitar a seis mujeres mínimo y no había podido hacerlo, no me sentía cómoda ni segura de invitarlas a esto y ella sí.

Nos llevaron con los ojos vendados para que no viéramos la casa en donde nos iban a hacer la marca. Subimos unas escaleras, y había otra mujer que nos iba guiando. Alcancé a ver sus manos y supuse que era la hija de la fundadora a la cual también le tenía gran admiración porque era la mejor entrenadora que tenían. Era una mujer más o menos de mi edad muy divertida y tenía la apariencia de ser muy inteligente, y digo tenía la apariencia porque hoy puedo decir que todo era aparente y no era como yo creía.

Entramos a un cuarto pequeño en un segundo piso de la casa y ahí nos quitaron la venda. Lo primero que vi fue a otra mujer que ya había visto en algunos talleres, creo que era doctora, nunca supe en realidad si era o no. Estábamos en el cuarto esta supuesta doctora que era la que iba a hacernos la marca, mi amiga y mi "master" (la mujer líder de Monterrey). Así es como le teníamos que llamar, master porque las mujeres que estábamos debajo de ella éramos sus "esclavas".

Comenzó el proceso de la marca y mi amiga decidió hacerlo primero, se tenía que desvestir y acostar en una cama donde con un aparato de punta caliente que me imagino utilizan para cortar en los hospitales que lo que hace es quemarte la piel con calor y te la va abriendo. De un lado estaba la mujer de Monterrey (nuestra "master") del otro lado yo sosteniendo a mi amiga, viendo como le iban quemando la piel para hacerle la marca. Nuevamente mi intuición me decía que me saliera de ahí y corriera, pero no le hice caso. Empecé a oler a piel quemada y veía como lloraba mi amiga de dolor y como se retorcía. Después de más o menos 10 minutos, a lo mejor menos terminó el proceso. Mi amiga se soltó llorando con su "máster" la mujer de Monterrey, dándole las gracias por todo. Se rindió completamente a ella. Al verlas, lo que pensé es que yo no sentía eso por esta mujer, yo no tenía esa relación con ella y tampoco creo que quería tenerla. Yo solo quería correr e irme de ahí.

Era mi turno, y en vez de correr que fue lo que debí hacer empecé a preguntar qué significaba la marca, a lo cual me dio la respuesta de que era solo un signo y ya. También nos leyó una carta que no entendí nada, eran palabras muy diferentes y además en inglés, ahí confirmaba yo al escuchar esa manera de escribir que quien estaba atrás de esto no solo eran mujeres, sino que era el "gran fundador".

El proceso de la marca fue muy doloroso, no puedo explicar con palabras la intensidad del dolor que sentí. He pasado varias veces por el quirófano, tengo 3 cesáreas, pero esto fue diferente, fue en vivo y sin anestesia. La marca se hacía unos 5 cm al lado de la línea del bikini y a mí en lo particular tardó más de dos meses en cerrarse la herida porque no tengo casi piel ni grasa en esa parte y en cuanto paso el catéter caliente pude ver como se le abrieron los ojos de más a la supuesta doctora al ver como se me habría demás la piel. Durante el proceso no lloré, solo me retorcía. Terminó el proceso y no abracé ni le di las gracias a esta mujer. Salimos de ahí nuevamente vendadas y esperamos como 20 minutos en un coche a que nos llevaran de regreso a donde tomábamos los talleres y donde teníamos nuestro coche que rentábamos con mi amiga para movernos.

Regresé a México y mi esposo al verme la marca solo me dijo que ojalá que estuviera bien consciente de en que estaba metida. Le expliqué lo mismo que ellos me explicaron, pero supe que no se quedó contento con la explicación.

Unos días después, me habló la persona que tenía asignada como mi coach para preguntarme como me sentía con toda la información negativa que había acerca de la organización, a lo cual respondí que no tenía idea. Previo a este suceso, sucedió otra situación cuando estábamos en NY en la reunión de coaches. Nos notificaron a todos los que habíamos asistido al Summit que dos de los más altos rangos se habían salido de la organización, pero no nos explicaron por qué. Un productor de cine sudafricano y una actriz canadiense. Ellos habían metido a muchísimas personas a la organización. Del productor decían que era la mano derecha del fundador y junto con la actriz canadiense habían sido responsables de meter a mucha gente entre ellos actores y actrices de Hollywood. Además, tenían los más altos rangos, lo cual suponía que para llegar ahí era muchísimo esfuerzo y trabajo. Yo no me podía imaginar llegar hasta ese lugar y luego salirme, haber trabajado tanto para después dejarlo, no me checaba. Después de la llamada de mi coach me di a la tarea de investigar qué era lo que se decía de la organización, y di con un blog. Empecé a leer todo, y había cosas que se me hacían muy amarillistas, pero había otras cosas que si me sonaban muy familiares porque además yo también las había vivido.

Le hablé a la mujer de Monterrey para preguntarle lo que había leído en el blog y lo primero que le pregunté fue si el significado de la marca eran las iniciales del "gran fundador" ya que me habían dicho que era solo un signo y en el blog habían escrito que eran las iniciales de él y de una de sus novias, otra actriz joven de Hollywood y la supuesta líder de la sociedad secreta de mujeres.

Lo que me contesto fue que no me estuviera metiendo a ese blog porque solo me iba a causar problemas existenciales y que la marca sí eran las iniciales del fundador. Una de tantas mentiras descubierta ahí mismo.

Después de eso me entero que dos de mis amigos una pareja que estaba muy comprometida con la organización, incluso se habían mudado de su ciudad para meter a sus hijos a la escuela que también dependía de esta organización en Monterrey, ya habían renunciado y se habían salido. Le marco a mi amigo para saber qué había pasado y porque se habían salido. Cuando empieza a contarme porque habían tomado esa decisión él y su esposa, empiezo a armar las piezas del rompecabezas que me faltaban para darme cuenta de en donde estaba metida. No solo hablé con él, hablé con más de 8 personas que ya se habían salido y les pregunté porque habían decidido irse, todas coincidían con las mismas razones. Todos se habían dado cuenta de que nos mentían en muchas cosas y que lo que estábamos apoyando no era para nada ético. El fundador se decía que era un enfermo sexual según las historias de algunas de sus ex parejas, y además tenía sexo con mujeres que llegaban a la organización y eran sus alumnas. Además, la manera en cómo se vendía él era mentira, ni era científico, ni tenía el IQ más alto del mundo, ni había inventado todo lo que nos enseñaban.

Creo que todo empezó a cobrar sentido, hable con el productor que fue su mano derecha y coincidimos en que el material que nos daban era muy bueno pero la fuente de todo esto tenía otras intenciones. El "gran fundador" aparentemente buscaba tener controladas a muchas mujeres a través de esta organización y esto era solo la punta del iceberg. Hay muchas historias más alrededor de esta organización las cuales ya están bajo investigación, y en los próximos meses seguramente habrá más tela de donde cortar.

Fue muy triste darme cuenta de que me habían engañado, y nunca me vi como víctima porque siempre estuve consciente de lo que hacía. Solo que no tuve nunca toda la información completa y siempre hubo información que se ocultó por parte de los líderes.
Cuando me dijeron que el fundador podría haber tenido sexo con menores de edad, fue cuando decidí salirme. Ellas como yo y como muchas personas más en búsqueda de crecer, de sentirnos mejor, de ayudar a otras personas a mejorar y este personaje aprovechándose de eso. Creo que ahí fue la primera vez que me doy cuenta de que estoy frente a algo maligno. No lo podía creer. Además, pensé en mis hijas,

en qué pasaría si se toparán con un hombre así, que herramientas les iba a enseñar para que pudieran ver que existen estas situaciones en el mundo.

Con toda esta información que recolecté le hablé a la mujer líder de Monterrey y le dije lo que pensaba. Que no se valía que engañaran así a las personas y que me iba porque no quería apoyar esos valores en el mundo. Obviamente, trató de retenerme, pero sus excusas y explicaciones ya no funcionaron, yo estaba segura de la decisión que estaba tomando y que además no solo era yo, sino que quería sentar un precedente y no permitir que esto siguiera ocurriendo. A lo mejor mi salida no iba a solucionar el problema, pero en mi vida si sería algo muy importante porque no iba a permitir que esto siguiera sucediendo ni tampoco el yo seguir apoyándolo. De ahí en adelante sucedieron varias situaciones en torno a la organización, la más reciente fue el arresto del fundador de esta organización en México. Vino a refugiarse a mi país, lo encontraron en una de las playas más exclusivas de México junto con varias mujeres. Actualmente sigue en la cárcel sin derecho a fianza y esperando a ser juzgado en NY.

Arrestaron a las pocas semanas a la que se supone es la líder de las mujeres, una chica actriz de Hollywood, que antes de entrar a la organización fue muy famosa por una serie en EU y ahora tiene que enfrentar también un juicio donde se le acusa de trata de blancas entre otros delitos. Recientemente han seguido los arrestos y quien sabe en que terminará esta historia. Para ellos no lo sé, y tampoco es algo en lo quiero poner mi atención. Para mí, mi historia continua, yo siendo una mujer más fuerte, con mucho mas aprendizaje y enfocada en ayudar a otras mujeres compartiéndoles mis conocimientos y experiencia como mujer y como emprendedora.

LO QUE APRENDI:

1.-La intuición es algo muy poderoso, siempre estuvo conmigo solo que no quise escucharla. Cuantas veces nuestra intuición nos dice que algo no está bien, y preferimos voltear nuestra atención hacia otro lugar, por eso es tan importante que evalúes cuando tomas cualquier decisión en tu vida. Si piensas en alguna decisión que vas a tomar y te sientes mal al respecto, evalúa otras decisiones. De verdad, tu intuición no falla, aprende a escucharla.

2.-Aprendí a buscar la mayor cantidad de información antes de tomar decisiones. Eso me da un panorama más amplio y me permite evaluar también las posibles consecuencias. Creo que nos encantaría tener la certidumbre siempre de que todas las decisiones que tomamos son las mejores, y de hecho si lo son ya que es la opción que tomaste, las que no tomaste nunca sabrás. Así que confía en tu intuición y en tu sabiduría interna.

3.-Aprendí a sostener mis valores y a luchar por lo que yo creo.

4.-Aprendí a ver como tú le das el poder y autoridad a las personas y así como se los das también tienes el poder de quitárselos.

5.-Y lo más importante es que tú puedes ser tu propia master.
Sí es importante buscar mentores en el camino hacia el crecimiento, pero al final tu futuro solo está en tu poder.
Existen muchas herramientas en el mundo a las cuales puedes tener acceso para ser la persona que buscas ser.

6.-Aprendí que puedo ayudar y ser parte de algo más grande sin pertenecer a alguna organización que busca controlar a las personas o sacar provecho de ellas. Es muy importante crear tu equipo, un equipo ético y honesto en el que todos tengan el objetivo de crecer y ayudarse mutuamente.

7.-Aprendí que cada quien ve lo que quiere ver. Fue impresionante cuando salí de esta organización como hubo "amigos" que ni siquiera quisieron saber por qué me había ido. Prefirieron no ver lo que sucedía. Hay muchas personas que dejaron todo por esta organización, familia, amigos, negocios, parejas, hijos, todo. Volcaron toda su vida hacia ese proyecto.

Este tipo de organizaciones no se destruyen del todo, sólo se transforman. Se pueden transformar en forma de iglesias, partidos políticos, relaciones de pareja, organizaciones, etc. No estamos ajenos en nuestras comunidades a tener este tipo de organismos en nuestra sociedad.

Esta es la principal razón por la cual decidí compartir esta experiencia. Los primeros en conocer estos hechos fueron mi esposo que siempre me apoyo y mis hijas. A pesar de que son menores de edad, quise compartir con ellas tal cual pasó todo porque sé que mi experiencia les va ayudar en un futuro a evaluar cómo es que toman sus decisiones y a evaluar las consecuencias que pueden tener. También lo compartí con las personas más allegadas a mí, porque en vez de pretender que no pasó o querer ocultarlo, por el contrario, es una experiencia para aprender de ella.

Hoy más que nunca he construido el carácter y me empoderé con todo esto que sucedió de manera que estoy logrando mis sueños. No estoy en contra de las organizaciones, creo que existen muchísimas que realmente aportan valor en la sociedad y pueden ayudar a otras personas, solo que esta no fue la indicada, o lo fue hasta que dejó de serlo.

Espero que el contarte esta experiencia también te pueda ayudar a ti que estás leyendo este libro a salir adelante. Y de verdad no importa lo que te haya sucedido en el pasado, lo importante es saber en quien te estás convirtiendo, que tipo de persona quieres llegar a ser en los próximos años, meses, días. Todas las decisiones que tomas por más mínimas que sean van cambiando el curso de tu vida, no te esperes a que algún día tomarás la gran decisión de ir por tus sueños. El lograr tus sueños no se construye de la noche a la mañana, toma tiempo, dedicación, salirte de tu zona de confort, pero es un camino que una vez que lo decides tomar se vuelve cada vez más gratificante y satisfactorio.

Te invito a que te sumerjas en este viaje del emprendimiento y si ya eres parte y ya estás en ese camino que tomes los tips y herramientas que aquí te comparto y que te conviertas en esa persona de la cual te sientas orgullosa.

2 ¿COMO OBTENER ESO QUE SUEÑAS?

En este segundo capítulo te voy a compartir cuales son las 3 estrategias para crear el coraje y el carácter para lograr tus sueños bajo tus condiciones. Estas son las estrategias que me han funcionado y que estoy segura también te van a funcionar a ti.

Vamos a explorar y vas a saber al final de este capítulo, que es lo que se requiere para que puedas crear y llevar a cabo algo que realmente amas.

Ojalá que encuentres esta información práctica y muy útil.

No estoy segura de que fue lo que te hizo comprar este libro, puede ser que te esté yendo increíble en este momento, y quieras pasar al siguiente nivel, o a lo mejor estas agobiada o exhausta, puede ser que has estado sin parar por mucho tiempo, o a lo mejor te sientes como si estuvieras noqueada por algún tropiezo o decepción.

Realmente no importa porqué estás aquí leyendo esto o qué es lo que buscas lograr. Quiero que sepas una cosa y es que, estás aquí leyéndolo por una razón. Y no solo aquí leyendo este libro, aquí en este planeta.

Dios, el Universo o en lo que creas no crean a más personas en este mundo solo porque sí. Ninguna persona tiene o tendrá la mezcla única de talentos y fortalezas que tú tienes.

Eres un evento que pasa solo una vez en el Universo y naciste con el poder interno para crear el cambio en tu vida y en la vida de los demás.

Esto no es algo que está afuera en el mundo externo, no es algo que puedas comprar o adquirir, esto es algo que ya tienes en este preciso momento.

Te prometo que no importa en donde te encuentres en este momento, si ya has tenido cierto grado de éxito y estás lista para evolucionar, o si estás hecha un desastre, o pasando por una situación complicada y estás lista para hacer un cambio.

Lo que aprendas aquí te va a ayudar. Te lo garantizo, y la razón por la cual te lo puedo garantizar es porque he pasado los últimos 17 años de mi vida experimentando y estudiando cómo puedes convertir tus sueños en realidad.

Lo que realmente se necesita para vivir una vida con significado, con propósito, una vida en la que te sientas conectada de manera genuina con tu esencia y con las personas que realmente amas. Una vida en la que sientas que realmente estás haciendo el trabajo que tenías destinado a hacer.

A través de mi experiencia como emprendedora, durante estos años conociendo a otros emprendedores y personas exitosas, me di cuenta que todos estamos en esta misma búsqueda.

Y hay algo que, si me gustaría aclarar, y es que yo no pretendo tener todas las respuestas, yo como tú, también tengo días buenos, días pesados y también cometo errores como todos, pero lo que sí es que soy una aprendiz de por vida. Me fascina aprender y poner en práctica mis conocimientos.

Me encanta ver a las personas ganar. Me apasiona conocer herramientas de cómo desarrollar mejor nuestro potencial.

La verdad es que no importa que es lo que quieres desarrollar, eso, lo puedes lograr.

Existe un enorme potencial en ti y en parte estás leyendo esto porque sabes que es así, que puedes gozar más la vida, que puedes desarrollar más creatividad.

Si hay alguna área de tu vida que no está como te gustaría, sea tu negocio, tu trabajo, alguna relación, familia, tu salud, ¡¡FELICIDADES!!

Cuando algo no está funcionando en tu vida y te das cuenta, lo enfrentas y buscas una manera productiva de resolverlo, estás en el camino correcto para resolverlo.
Si de verdad te conectas con tu corazón y tu intuición, si te abres a esa posibilidad de cambiar, vas a ver crecimiento.

Cualquier forma de insatisfacción o infelicidad es buena. El progreso es acerca de crecer, estar consciente, estar vivo y es la oportunidad de hacer un cambio.

Si empiezas a notar un pensamiento como "esto yo ya lo sé" te invito a que lo cambies inmediatamente, y en vez de eso pregúntate "¿Qué es lo que puedo aprender de esto?."

Cuando eres humilde y piensas en lo que sí puedes aprender te va a resultar más fácil reconocer y cambiar eso que quieres. No solo durante el tiempo que pases leyendo este libro, sino por el resto de tu vida.

Te reto a que siempre pienses ¿qué puedo aprender de esto? te prometo que esta pregunta te ayudará a ser más receptiva, honesta y abierta a nuevos conocimientos invaluables.

En este capítulo también te voy a compartir un ejercicio el cual yo realizo cada vez que necesito hacer una idea realidad y avanzar sin quedarme atorada en el qué y cómo.

La razón por la cual me encanta poder compartir esto es porque muchos de nosotros estamos muy des informados en cómo crear la vida que realmente queremos y eso nos desempodera. Sin darnos cuenta nosotros mismos nos ponemos limitaciones en nuestra felicidad, en nuestra manera de gozar la vida.

Las personas que no están conscientes de estas ideas se ven de una manera errónea, se ven a ellas mismas como víctimas, culpando a otras personas o poniéndose excusas como no tengo tiempo suficiente, o es por el lugar en el que vivo, o es culpa del gobierno que no hace su trabajo. En otras palabras, culpan a cualquier fuerza externa por la situación en la que se encuentran y la verdad es que, sí hay una gran cantidad de injusticias, de desigualdad en el mundo en las que necesitamos trabajar para poder cambiarlas. También hay circunstancias externas en las que se nos presentan grandes retos y nos pueden tumbar.
Es por eso que debemos de estar bien claras con lo que queremos y enfocarnos en lo que es importante para nosotras, dedicarle menos tiempo y esfuerzo a lo que no podemos controlar.

Todos conocemos a personas que nacieron con todo tipo de ventajas o privilegios, dinero, educación, oportunidades. A estas personas las vemos exitosas y sobresalientes.
Algunas terminan en lugares obscuros como las adicciones, o el alcoholismo, o con excesos y experimentando mucho dolor en ellos y en las personas que las rodean.

Y también todos hemos escuchado de otras personas que han encontrado el camino al éxito a pesar de que las circunstancias que vivieron no fueron favorables. Pasaron por toda clase de desafíos impensables y de alguna manera encontraron un camino para llevar una vida feliz, exitosa y con significado.

Entonces, ¿cuál crees que sería la diferencia entre estos dos tipos de personas?

¿Qué es lo que hace el segundo grupo de personas que empezaron de la nada y con todo en su contra? ¿Qué hicieron que los llevó al éxito? ¿Y lo más importante, qué podemos aprender de ellos y aplicarlo a nuestras vidas?.

Todos empezaron con la estrategia número 1.

Estrategia #1 SABÍAN LO QUE QUERÍAN

La claridad es igual a poder. Entre más clara seas en lo que quieres exactamente crear o lograr, más rápido y fácil será que tú lo hagas que suceda.

Tener una visión clara de exactamente a donde llegar es lo primero.

Si te puedo decir que no tengo todas las respuestas, pero puedo ayudarte a buscarlas y encontrarlas.

Entonces, quiero que pienses una cosa ¿qué es lo que de verdad quieres? Aquello que deseas con muchísimas ganas. Y, ¿qué harías para lograr ese cambio?.

Por ejemplo, "yo quiero estar en mejor forma, más fit este año", o "yo creo que quiero tener mayores ingresos y crecer mi negocio" o "sí me gustaría viajar más", o "me gustaría ser mi propia jefa y tener mi negocio algún día".
¿Escuchaste como todas estas frases sonaron a deseo, pero no a compromiso? Nos demos cuenta, o no, es así como muchos de nosotros pensamos.

Una clara decisión es algo muy poderoso porque te estás comprometiendo a un resultado específico.

Entonces, la ESTRATEGIA #1 para lograr lo que quieres es:

DECIDE LO QUE QUIERES CLARAMENTE Y COMPROMÉTETE AL 100% A ESA DECISIÓN.

Y esto nos lleva a lo siguiente que es lo que frena a muchas personas a lograr lo que quieren.

Lograr lo que quieres significa ser valiente, tener el carácter para lograr tus deseos, antes de que los puedas ver concretados.

La mayoría de las personas dejamos de luchar por eso que queremos porque necesitamos tener garantías y la seguridad de que nos va a ir bien, o de que va a funcionar de la manera que queremos. Antes de arriesgarnos, queremos estar libres de someternos a críticas, a que nos rechacen, o a un posible fracaso. Y la realidad es que, SI vas a pasar por eso en algún momento, tendrás que arriesgar dinero en tu negocio para ir por tus sueños. Tendrás que invertir en ti, y saber que no vas a tener ninguna garantía de que vas a obtener exactamente los resultados que esperabas. Y naturalmente esto suena muy aterrador, es por eso que la mayoría de las personas no toman acción para ir por sus sueños.

Todo progreso comienza con una decisión, esto significa que tienes que decidir qué es lo que quieres y primero tienes que creértelo antes de poder verlo. Y así es como comienza el proceso creativo.

Un ejemplo de esto es la escritora del libro de Harry Potter. Fueron años y años de estar tomando acción, mandando su libro a distintas editoriales, la mayoría la rechazaron, fracasó muchas veces, pero fue su decisión y el compromiso a esa decisión que a pesar de todas las dificultades que enfrentó, su vida terminó cambiando para siempre y siendo uno de los libros más exitosos en la historia de las editoriales.

A lo mejor lo que más quieres es comenzar tu negocio, o cambiarte de empleo, o viajar por el mundo, o transformar tu cuerpo, o lo que quieras que sea tu sueño. Lleva a cabo la ESTRATEGIA #1 y decide que es lo quieres.

Y en realidad, tú estás constantemente creando la realidad en el Universo a través de tus pensamientos, a través de tu lenguaje, de tu comportamiento, a través de lo que eliges enfocarte, a través de lo que eliges poner tu energía y atención.

Las acciones que tomas, las decisiones que tomas cada día y en cada momento están correlacionadas con el Universo y cuando tomas la decisión de comprometerte en algo que realmente quieres inicias el proceso creativo de adentro hacia afuera. Es como si tomaras el teléfono y le llamaras al Cosmos. Y una vez que tomas acción y lo tomas realmente en serio, y escucha esto, que es la mejor parte, el Universo te va a apoyar.

Seguro te ha pasado en tu vida algo así. Visualizas algo que quieres, empiezas a conocer a personas que te ayudan, o lo ves en libros, en películas, revistas, de repente vas manejando, lo ves en todos lados y se te viene a la cabeza la siguiente pista que necesitas para lograr eso, o mientras te bañas, y hasta dices que raro, como todo se me está acomodando.

Ahora quiero que decidas que es eso que quieres, si es mejorar tu carrera, o tus relaciones, o tu negocio, o transformar tus finanzas, o tu felicidad, o puede ser tu salud. ¿Cómo se ve eso que quieres? Tienes que ser súper clara, específica y concreta, detallando todo. Si te enfocas en tu negocio querrás ponerle un numero a tus ingresos, ¿cuánto quieres aumentar tus ingresos en los próximos 12 meses? O si te quieres enfocar en tu creatividad que es lo que quieres, ¿sacar tu libro?, como lo quieres, cuál es el título, en cuanto tiempo, sé muy específica acerca del resultado que quieres obtener.

Por ejemplo:

Quiero ahorrar 100,000 pesos para emergencias al final de diciembre. Es mucho mejor que decir quiero ahorrar algo de dinero.

Así que, decide una cosa que realmente quieras y escríbela en una libreta o diario.

Lo que realmente quiero es......

Ya que lo tengas escrito hazte las siguientes preguntas:
¿Porqué es que quiero esto? ¿Cuál es la razón por la que lo quiero? ¿Qué va a significar en mi vida cuando logre este resultado que quiero? Pregúntate ¿Cómo va a cambiar mi vida, y en quien me tengo que convertir para lograrlo? ¿Cómo me voy a sentir cuando lo logre? ¿Si logro esto, como va a impactar en mi negocio, en mis relaciones, en mi vida, o en mi familia?.

Aquí de lo que se trata es de descubrir tu propósito más profundo de lo que quieres lograr, porque el descubrir ese propósito es lo que va a alimentar el que seas persistente, que pase lo que pase sigas trabajando en lograrlo.

Si reconoces cual es la emoción que está detrás de porque quieres lograr eso va a ser mucho mejor.

Si estás consciente de lo que quieres y porque lo quieres vas a estar más preparada para salir de los obstáculos o piedras que te vayas encontrando en el camino.

El por qué lo quieres te va a dar unas bases sólidas para poder seguir adelante y seguir adelante cuando las cosas se pongan difíciles.

Si no tienes un porqué lo suficientemente atractivo o emocionante de eso que buscas, ¿qué crees? a lo mejor realmente no lo quieres lograr.

Igual y solo era un viejo deseo o sueño.

Si eres honesta, a lo mejor ya no es importante para ti, a lo mejor cambiaste, creciste, y ya no lo quieres.

Así que escribe una cosa que realmente quieras y todos los porqués, todas las razones de porqué quieres este sueño.

Deja por un momento el libro, ve y escríbelo. No regreses a seguir leyendo hasta que ya lo tengas bien definido. No te hagas trampa, no sabes lo poderoso y mágico que es escribir esto.

Y esto no se trata solo de un consejo o tip que te pueda yo dar, hay investigaciones que lo prueban. Gail Mathews, psicólogo de la Universidad de California realizó un estudio donde los estudiantes que escribían sus metas tenían 42% mayores posibilidades de lograrlas que los que no las escribían. De verdad, este simple ejercicio puede ser una gran diferencia en tu vida.

Ahora que sabes lo que quieres y porqué lo quieres nos vamos a la **ESTRATEGIA #2 ELIMINA LAS EXCUSAS, ROMPE CON EL HABITO DE ENGAÑARTE A TI MISMA.**

La realidad es que, lo que te está frenando de obtener eso que quieres son tus excusas.

Y todos tenemos excusas que nos frenan de vez en cuando. Yo lo hago, tú lo haces y yo creo que todo mundo lo hace. No es para sentirnos mal o avergonzadas al respecto, es solo parte de la naturaleza humana. Lo interesante es que una vez que nos damos cuenta y vemos nuestras excusas, les quitamos poder y de repente tienes esta sensación de libertad, claridad y energía disponible para que avances.

Entonces vamos a ver la diferencia entre estas dos frases que podrán crear o destruir eso que quieres:

NO PUEDO
VERSUS
NO LO HARÉ

Realmente cuando decimos no puedo hacer esto estoy diciendo que no lo haré. No puedo levantarme al gimnasio, no puedo llevar una dieta, no puedo perdonarlo por lo que me hizo, no puedo pedir ayuda. El 99% de las veces que dices NO PUEDO, lo que realmente estás diciendo es que no lo harás. Y esto significa que en realidad no quieres hacerlo, no quieres hacer lo que se requiere, no es una prioridad para ti.

Esta mínima distinción te va a ayudar a dejar de poner excusas y dejar de detenerte de lograr lo que quieres.

Imagínate que en vez de decir no puedo, digas no me levantaré al gimnasio, no voy a seguir mi dieta, no lo voy a perdonar por lo que me hizo, suena raro ¿no?.

Pero en realidad lo que estoy diciendo es que no quiero hacerlo, no quiero poner esfuerzo en eso en particular. Es mucho más honesto, y no es algo malo, es solo la verdad.
Algo importante es que la mayoría de las veces que decimos que no podemos te sientes, actúas y te comportas como una víctima, sin poder ante las circunstancias. Es como si no tuvieras ninguna responsabilidad en tu vida. Pero cuando utilizas la palabra NO LO HARÉ, empiezas a sentirte, actuar y comportarte empoderada, sabes que tienes la opción de decidir que no y además estás siendo honesta y empiezas a tomar esa responsabilidad de tu vida. Y es algo súper bonito, porque esta es la verdad: ERES 100% RESPONSABLE DE LOS RESULTADOS QUE TIENES Y DE LOS QUE NO TIENES EN TU VIDA.

Esto lo sabes, no son tus papás, no son tus amigos, la sociedad o el gobierno. Y me podrás decir que no conozco tu historia y que te han sucedido muchas cosas que no han estado en tu control y que no escogiste. Y que no solo te pasaron, sino que te están sucediendo ahorita y no tienes control de eso que pasa.

Te entiendo. Pero el punto aquí es que no importa lo que te haya sucedido en tu vida, cuando culpas a otros y no tomas 100% responsabilidad de la vida que tienes, estás renunciando al poder de cambiar tu situación.

No hay manera en que puedas controlar lo que sucede, pero no eres menos responsable en como actúas y te comportas. De hecho, lo único que si puedes controlar es como reaccionas a lo que te sucede.

La vida es un 20% lo que me sucede y un 80% como reacciono a eso.

La actitud es mucho más importante que lo que sucede, más importante que el pasado, que el dinero, que los fracasos.

Todos los días tengo opciones de lo que quiero crear. No puedo cambiar mi pasado, no puedo cambiar las acciones de otros. Lo único que puedo cambiar es mi actitud.
Lo importante aquí es que tú siempre tienes más poder del que tú crees o del que te das crédito.

Checa una situación en tu vida en la que realmente querías algo y te comprometiste al 100% para lograrlo. Yo sé que te ha pasado. Y de repente algo te sucedió y a pesar de eso seguiste adelante.

Te cuento un ejemplo de esto fue cuando salí de la universidad, a la semana de que me gradué me casé y nunca terminé mi tesis por lo que no me pude titular. Pasaron varios años, 13 para ser exactos y siempre tenía en mi cabeza que quería titularme, más que nada porque no quería verme que había fracasado en terminar ese proceso de mi carrera. No quería dejar inconclusos mis estudios. Así que me decidí y me comprometí a hacer lo que se requería para titularme, después de 3 meses de trabajo hice mi tesis, examen y logré titularme como Licenciada en Relaciones Comerciales Internacionales. Esto fue una prueba más para mí de que cuando me comprometo al 100% con mis proyectos los llevo hasta al final, no importa que suceda en el camino.

En este ejemplo realmente sabía que lo que quería era titularme. Mi mayor motivación era verme como yo podía ser capaz de lograr esa meta y sentir la satisfacción de concluir algo que empecé muchos años atrás. ¿No es increíble cómo podemos obtener las cosas cuando tenemos la motivación adecuada?.

Si estás realmente comprometida "siempre encontrarás una manera de hacer lo que realmente quieres hacer en esta vida".

Y el tiempo es el recurso más importante, aunque siempre lo ponemos como una de las más grandes excusas, todas usamos la excusa de que no tenemos el tiempo suficiente.

Y en realidad, si es lo suficientemente importante para ti aquello que quieres lograr, haces el tiempo, si no lo es, tendrás una excusa.

Te guste o no, todos contamos con las mismas 24 horas. Y tú estás a cargo de tu horario, de tu tiempo y tienes el poder de cambiarlo.

Todos trabajamos, muchas de nosotras tenemos hijos, familia y responsabilidades. Se trata de que tomes el control de tu vida, de tu tiempo.
Si no te gusta como lo estás manejando, entonces es tiempo de cambiarlo.

Lo que necesitas es estar más consciente de cómo tomas tus decisiones y ser más honesta contigo eliminando cualquier excusa que te limita y te frena.

Entonces, ya tienes LO QUE MÁS QUIERES LOGRAR. Ahora te voy a pedir que escribas tus 10 principales excusas que utilizas para sabotearte y no lograrlo. ¿Qué historias te has contado en el pasado? ¿Cuáles son tus mejores excusas? Probablemente sea no tengo dinero o no tengo tiempo.

Y este es el trato. Primero me gustaría que te diviertas haciendo el siguiente ejercicio. No lo hagas pesado o difícil. Recuerda que todos ponemos excusas de vez en cuando y es parte de ser humanos. Entonces por qué no verlas, antes de que te descarriles.
Una vez que tengas tu top 10 excusas, regresa a esa lista y ve una por una.

Ahora piensa y escribe al lado de cada excusa que escribiste, ¿cómo crees que podrías eliminar esa excusa de una manera práctica que te permita lograr eso que quieres y neutralizarla para llegar a donde más quieres llegar?.

Nuevamente, pausa tu lectura y ve a hacer esto.

¡Muy bien! Si sigues leyendo esto espero que ya hayas hecho la estrategia #1 y la estrategia #2, ahora es tiempo de la **ESTRATEGIA #3 LA ACCION = MAGIA**

Es tiempo de empezar a moverte y crear impulso. Sentada desde tu sillón no vas a lograr eso que tanto deseas.

Si quieres hacer realidad tus sueños necesitas tomar acción consistente. Muchas veces nos imaginamos lo difícil que puede ser, lo grande o complicado y nos paralizamos. Y esto es porque nunca habíamos experimentado esto.

Y al final no es tan complicado como lo vemos, no importa lo que quieres lograr, son solamente una serie de pasos.

Algo muy importante, no dejes que el hecho de que no sepas los siguientes pasos a seguir te frene o, aunque tengas una idea de los pasos, pero no estés muy segura, o tengas miedo porque no sabes cómo empezar, tampoco eso debes dejar que te detenga.

Ahora, quiero que adoptes la siguiente creencia. Esta manera de pensar es con la que he vivido desde que me acuerdo toda mi vida y es "Todo tiene solución" de alguna u otra manera hay miles y millones de opciones de resolver las cosas.

Esto me ha ayudado durante toda mi vida a crear y lograr cosas muy importantes.

También me ha ayudado a ver posibles soluciones más creativas, cuando estoy en situaciones complicadas y poder resolverlas, aun cuando cometo errores y vaya que he cometido muchos, me ayuda a volver al camino y ajustar.

Cuando te das cuenta de que todo de alguna u otra forma tiene solución, cualquier desafío, te volverás imparable. Tu trabajo será encontrar cuál es esa mejor solución.

Estás viviendo en la época más increíble de la historia de la humanidad, donde tienes acceso a toda la información, educación, tutoriales y soluciones de otras personas, y todo está disponible en Internet, que increíble ¿no?.

El hecho de que millones de personas puedan conectarse en diferentes partes del mundo es algo que nunca nos hubiéramos imaginado hace algunos años. Honestamente, si tomas estas ideas de las que he hablado, pueden realmente cambiar tu vida.

¿No es increíble toda la sabiduría a la que tenemos acceso?.

Si quieres crear tu página de Internet, o si quieres estudiar clases de cocina, o aprender a construir un robot, o meditar, o hacer yoga, o tomar un curso de finanzas, puedes aprenderlo e investigarlo y empezar en este momento.

Ahora te voy a enseñar un ejercicio muy simple que te ayudará a salir cuando no sepas como salir adelante.

El ejercicio se llama PODER 20 y se trata de generar 20 formas diferentes para crear y lograr eso que quieres.

¿Qué podrías hacer o estarías dispuesta a hacer para que tu idea o sueño se haga realidad? Y lo que vas a hacer es crear 20 ideas diferentes que necesitas para llevar a cabo eso que quieres lograr.

Y aquí no importa si las ideas que vas generando las sientas que son imposibles, tu continúa generando más ideas hasta llegar a 20. Entre más raras o que pienses que nunca las harías mejor. Esto te ayudará a ver todas las opciones que tienes e irás dejando las que más veas posibles de realizar.
Es muy importante que no detengas tu creatividad, y no porque la escribas o la pienses la vas a realizar. Ponte creativa, aunque sientas que son ideas tontas, imposibles o locas.

Este es un ejercicio de lluvia de ideas, no hay ideas malas o estúpidas, siempre y cuando la idea sea ética.

Te desafío a que hagas una lista de al menos 20 ideas. Y escucha esto, cuando creas que ya no tienes más ideas, y que ya pensaste en todo, es cuando llegan los mejores momentos creativos. No vayas a parar en la 7.

Te doy un ejemplo:

Mi meta es ahorrar 5,000 dólares en un fondo en los próximos 12 meses. Entonces las 20 posibles maneras de hacerlo son:

1.- Sacar un producto nuevo a la venta en mi negocio

2.- Si soy empleada pedir un aumento de mi sueldo

3.- Hacer trabajos como FreeLancer

4.- Mudarme a vivir a un sitio más barato

5.- Dejar de gastar en comida en restaurantes

6.- Rentarle un cuarto a alguien para tener un ingreso extra
......y así, hasta llegar al número 20.

No estamos buscando ideas perfectas, sino muchas ideas de cómo lograr nuestra meta y tienen que ser al menos 20.

Este ejercicio te ayudará a ponerte creativa y estirar tus ideas lo más que puedas.

Esto funciona, y funciona porque enciende tu imaginación. Cuando hagas este ejercicio empezarás a crear nuevas posibilidades para ti y te va a ayudar a ir más allá.

Nuevamente te invito a que dejes de leer y vayas y realices este ejercicio. Deja que tu imaginación ruede, pon música si quieres, inspírate, mueve tu cuerpo, lo que necesites para que estés en un estado de ánimo más juguetón. Hazlo ahora.

Ahora que ya tienes tu PODER20 es momento de tomar acción.

TOMA ACCIÓN

Tener las ideas no es suficiente. Y tampoco necesitas saber todos los pasos o tener el proyecto completo de lo que quieres lograr, aun así, puedes empezar ahora.

Y otro consejo que te quiero dar que lo tuve de uno de mis mentores es que la claridad viene del compromiso y no de los pensamientos. El momento en que te empiezas a mover en la dirección que quieres vas a destapar infinidad de información, de datos. El camino que buscas, está enfrente de ti, y solamente tú puedes irlo destapando.

Te garantizo que si trabajas en tu lista de PODER20 encontrarás el mejor paso que tienes que tomar e irás ganando impulso y confianza, además de habilidades y conocimientos, reconocerás los talentos que nunca hubieras reconocido que tienes, tus súper poderes naturales.

Por favor, no te brinques ningún paso de tu lista, necesitas salirte de tu zona de confort, porque adivina que, vas a tener que empujarte a salir de esa zona de confort de manera que puedas lograr lo que quieres. Ya sé que sabes esto, pero era importante recordártelo.

La manera en cómo vas a lograr lo que quieres será tomando acción y llevando a cabo tu lista de PODER20.

Una vez que empiezas a tomar acción de esas ideas, si algo no te funciona como creías, tienes 19 ideas más para explorar, 19 posibilidades más que te llevarán a estar más cerca de tu objetivo y no olvides que este PODER20 te puede ayudar a crear posibilidades de cualquier cosa que quieras lograr. Es simple y funciona.

Una cosa más que vas a necesitar y esta créemelo es súper importante. Tener FE.

Vas a necesitar fe en lo que estás haciendo y creer en eso, ya que no tienes ninguna prueba de que eso que estás visualizando funciona y te garantizo que las cosas nunca salen como las planeaste. Vas a tener tropiezos y piedras en el camino. Vas a dudar y pensar ¿realmente puedo hacer que suceda esto? o ¿Estoy loca? ¿realmente tengo lo que se necesita? Pensamientos como "Puedo tirar la toalla y ya no seguir," y escucha esto, estos pensamientos son normales, todos los tenemos, me pasa a mí y a todas las personas exitosas les ha pasado por su cabeza.

Y durante los momentos más difíciles u obscuros es crucial que aprendas a manejar tus músculos de la FE.

Es una fuerza poderosa, una fuerza transformadora. Le puedes llamar a ese poder Dios, o el Universo, o Conciencia Universal, no importa cómo le llames, creo que todos concordamos en que hay una inteligencia más grande y poderosa que nosotros. Una buena y hermosa fuerza mágica que orquesta todo lo que nos rodea y creo que esta fuerza invisible está diseñada para trabajar a nuestro favor.

Cuando me siento insegura, que no sé si estoy haciendo bien las cosas, que no sé si mi proyecto va a tener éxito, me doy cuenta que estoy desconectada de mi fuente de poder, estoy desconectada de mi fe. Y recuerdo una frase que dice "Yo soy el medio por el cual toda esta creatividad fluye."

En mi vida, cuando me siento de esta manera, cuando las cosas no van como quiero, me reconecto con mi fe a través de esta simple oración.

Un simple cambio en mi manera de pensar me permite darme cuenta de que esta inteligencia universal puede trabajar a través de mí. Y de verdad, súper importante, no olvides tu fe en los momentos más difíciles. No pienses que estás sola, porque no lo estás. No cometas el error de creer que el mundo lo tienes que cargar sobre tus hombros, porque no es así.

Un poder superior siempre está trabajando a tu favor. Practica tu fe, no importa lo que esté pasando en tu vida, tienes el poder de pensar que las cosas pueden cambiar y cambiarán.

El resumen de este capítulo es:

ESTRATEGIA 1

Decide lo que quieres lograr. Claridad = Poder

ESTRATEGIA 2

Elimina las excusas

No puedo versus No lo haré

ESTRATEGIA 3

La acción es magia
Creamos la lista de Poder20

Además, vimos el poder de la fe y como trabaja. El capítulo siguiente es realmente revelador y por favor no dejes de leerlo, las herramientas de mindset (mentalidad) que te comparto son herramientas súper poderosas y te ayudarán a seguir construyendo el éxito que buscas en tu negocio y en tu vida.

3 MINDSET PARA EMPRENDEDORAS

A todas nos ha pasado que tenemos pensamientos destructivos ¿no?. Hay días que te levantes como decimos con el pie izquierdo y piensas que nada te sale bien, te sientes estancada, que no puedes. Esos son pensamientos destructivos. La buena noticia es que eso lo puedes reprogramar en tu cerebro cambiando tu manera de pensar y dejando de auto sabotearte. Lo que vas a aprender en este capítulo cambiará tu vida y tu forma del ver el mundo.

Como ya te mencioné en el capítulo anterior, existen muchas personas que tienen muchos conocimientos y no logran nada, o al revés, personas que parecen que no saben mucho y pareciera que logran mucho éxito.

Hay muchas preguntas que nos hacemos como:

- Sé qué es lo que tengo que hacer, pero no puedo hacerlo

- ¿Porque sueño, espero y rezo por tener o lograr ciertas cosas, pero pareciera que nunca voy a lograr tenerlas?

- ¿Por qué empiezo a lograr mis metas y sueños, pero luego me auto saboteo?

- ¿Porque tengo el deseo de algo, lo empiezo a lograr, y a la mitad se desmorona todo?

- ¿Por qué siempre estamos en la lucha de quienes somos y como quisiéramos ser?

- ¿Por qué no logramos las cosas que queremos?

- ¿Sentimos como si algo nos estuviera deteniendo?

- ¿Cuál es esa fuerza que nos limita de obtener lo que queremos en la vida?

El propósito de este capítulo llamado "Mindset para Emprendedoras" es que empieces a tener una conciencia de ti y de como ves al mundo de manera que logres una transformación en tu manera de pensar que se replique en todas las áreas de tu vida. Y que al final puedas usar estos conocimientos en las áreas en donde quieras tener éxito. Si lo que quieres es aumentar tus ingresos y tener un negocio exitoso, tienes que empezar por invertir en ti, en tus talentos y en crecer tu mindset (mentalidad).

Construir este nuevo mindset, te ayudará a tener mayor éxito en tus negocios o en lo que quieras emprender.

Se trata de salirte de tu zona de confort, enfrentar tus miedos y romper tus limitantes por medio de una manera diferente de pensar reprogramando tu mente.

Actualmente la sociedad tiene una manera de pensar o paradigmas los cuales son incorrectos. Necesitamos cambiarlos para poder evolucionar a algo más grande que nosotras mismas.

Nuestros paradigmas es la manera en que creemos que son las cosas. Todas nuestras creencias están construidas en nuestra mente y es como vemos el mundo, es lo que llamamos nuestra percepción, como vemos la realidad. Tu paradigma es como vas por el mundo y percibes todo.

Creemos que todos piensan igual que nosotras. Creemos que, si pensamos en algo, entonces todos van a pensar lo mismo. Y esto no es así, las personas exitosas se diferencian por pensar de manera diferente a los demás.

Cuando comencé mi primer negocio hace alrededor de 17 años, pensaba que si tan solo ganaba $5,000 pesos al mes, ya iba a ser una persona exitosa, acababa de casarme y se suponía (muy convenientemente) que mi esposo me iba a mantener y yo no tendría que preocuparme por nada que tuviera que ver con el dinero. Solo que, si empecé a preocuparme porque de pasar de depender de mi mamá que me mantenía pasé a depender de mi esposo. Y eso me empezó a incomodar. El pedirle dinero hasta para mis "chicles" no era para nada cómodo.

Así que ahí comenzó mi vida como emprendedora. Decidí empezar mi primer negocio, una cafetería. A la fecha he emprendido más de 10 negocios diferentes, algunos exitosos y otros no, pero de todos he tenido grandes aprendizajes.

Me encanta el emprender un nuevo proyecto, la emoción de crear algo nuevo es adictivo para mí, aunque cuando llegan los puntos bajos quiero tirar la toalla.

Si pudiera hacer un resumen de este aprendizaje que he tenido a través del tiempo sería:

Enfócate en tener resultados positivos medibles, pero también enfócate en el proceso y en la experiencia de poder disfrutar tu vida y lograr tu propósito. Que al final de tu vida puedas estar satisfecha y feliz con lo que lograste y no arrepentirte de lo que pudiste o no hacer.

Ahora pregúntate: ¿Por qué es importante para ti lograr el éxito? Es una pregunta muy sencilla y a la vez muy profunda ya que si la contestas desde tu yo interno tendrás un conocimiento más preciso de quién eres y de qué es importante para ti.

Muchas personas vemos a otras personas muy exitosas y pensamos "Todo lo que tiene lo heredo" o "Seguramente nació con ese don" o "Debe de tener muy buenas relaciones en la política", aquí lo importante es que no vemos el esfuerzo que hay detrás, y pareciera que le cayó del cielo todo lo que tiene o que apareció como arte de magia.

La mayoría de las personas pensamos que no tenemos muchas oportunidades de tener éxito y que solo las personas talentosas o con mucha suerte lo logran. Llegué a pensar que yo solo tendría mi primer millón si los heredaba o si me sacaba la lotería. No veía posible hacer más de $5,000 pesos al mes y menos veía posible no depender económicamente de alguien más.

Ahora pregúntate, ¿Crees que hay una pequeña probabilidad de volverte exitosa o rica?.

¿Crees que alguien tenga la culpa del porque hoy no lo has logrado? ¿Existe una fuerza o algo sobrenatural que te limita a lograr tus sueños?.

Todo lo que siempre has deseado, todo lo autodestructiva que has sido y siempre que actúas de manera inconsistente a como realmente querías actuar, ésa es la a la persona que debes culpar por todo en tu vida.

Y esa persona eres tú. No se trata de tus habilidades, que es lo que la mayoría de las personas piensa. Creen que la razón por la cual no son exitosas es porque no tienen los conocimientos o las habilidades que se requieren.

Es muy fácil culpar a alguien o algo. Si no obtuve lo que quería, la culpa es de esa persona o circunstancia que no me permitió tenerlo. Siempre es por la culpa de alguien o algo más que creemos que no logramos lo que queremos.

El problema es que en el momento que decidimos culpar a ese alguien o algo más estamos perdiendo terreno y le estamos dando el control a ese alguien o algo más. Esto me ha causado sufrir a lo largo de mi vida ya que siempre estaba culpando a algo más por no lograr lo que yo quería, parecía que alguien me quería truncar mis proyectos y mis sueños. Había momentos que sentía que el mundo conspiraba en contra mía. ¡Qué lejos estaba de la realidad! Con estos pensamientos y creencias me estaba alejando cada vez más de la persona exitosa en la que me quería convertir.

Lo importante de esto es darnos cuenta que eso a lo que siempre culpas, no es, eres TÚ. Todo lo que piensas que es culpa de alguien más es tu culpa.

Existe un comportamiento en la sociedad que se llama simpatía, cada vez que tenemos un problema o sufrimos por algo, atraemos la atención de las demás personas y nos sentimos reconfortadas cuando nos dicen "no es tu culpa", "así es la vida", "las cosas suceden por algo", como si esas frases nos quitaran de nuestra responsabilidad de los efectos de nuestras decisiones. Así como cuando vas con el padre y te manda a rezar tres padres nuestros y un ave maría. Aunque esto te hace sentir bien en el momento, a largo plazo solo está alimentando esa adicción de alimentar tu sufrimiento. La simpatía de las demás personas por tu sufrimiento reafirma tu teoría de que vale la pena el sufrimiento que sientes por lo que te sucedió. Así es como nos zafamos de sentirnos responsables de nuestros actos y decisiones y culpamos a alguien o a algo más. Y digo sentirnos porque en realidad, nunca podemos evadir esa responsabilidad.

Es muy importante darte cuenta de que ahí donde estas hoy, es por nadie más que por ti. Esa persona que eres ahorita, tú la construiste, tú la diseñaste, sólo que probablemente tus acciones no están alineadas con lo que realmente quieres ser.

Es como manejar en una ciudad desconocida y querer llegar a un lugar sin tener la dirección y sin conocer el lugar. Existen miles de opciones para llegar a ese lugar y podrías pasar días enteros tratando de llegar ahí o de plano nunca llegar. Igual y terminas en otra ciudad o en otra colonia que no era la que buscabas o a la que querías llegar. Y te vas a preguntar ¿Por qué estoy aquí?.

Eso es lo que la gente hace con su vida. Va por la vida sin un propósito, sin un plan y todo es divertido, todo es como un juego y luego un día, te despiertas en algún lugar donde no querías estar o en un lugar en el que no esperabas. Entonces, no fue tu culpa llegar hasta ahí, es la culpa de alguien más, de las circunstancias. Así que date cuenta de que el lugar en el que estás ahora es por nadie más que por ti. Esto es fundamental que lo entiendas si realmente quieres cambiar tu vida, es necesario entender las leyes de causa y efecto para poder saber y entender que tú estás en control de tu vida y no las circunstancias. Tú y nadie más es el agente causante.

Si culpamos a alguien o algo más, lo único que estás haciendo es no tomar el control de ti y se lo estás dando a alguien más.

Esto es una parte muy importante de por qué no somos exitosas y de esa manera hacemos imposible que se haga realidad ese éxito que tanto deseamos.

El enemigo eres tú. Si quieres lograr resultados exponenciales este entendimiento hará que tomes el control de tu vida y de tus decisiones. Somos nuestro peor enemigo.

Te has preguntado ¿porqué es que hay personas más exitosas que otras? ¿Si todos estamos supuestamente programados de la misma manera? La respuesta es que esas personas que ahora son exitosas no son las mismas personas ahora que cuando empezaron sus negocios.

CREA TU NUEVO CARÁCTER PARA LOGRAR TUS SUEÑOS

Al día de hoy, yo no soy la misma que era hace 17 años que comencé mi primer negocio. En ese entonces era muy prejuiciosa, egoísta, floja, no me gustaba esforzarme más de lo necesario, y sentía que me merecía todo.

Hoy soy una persona completamente diferente, he ido trabajando a través del tiempo en construir una mejor versión de mí. Ha cambiado desde mi forma de alimentarme, mi forma de vestir, mi forma de hablar, mi cuerpo, tu carácter, mis hábitos, etc. todo lo que antes fui, hoy, realmente ha cambiado. Soy realmente otra persona. Y no soy hoy la persona que quiero llegar a ser porque todos los días sigo construyendo mi mejor versión.

Quién eres hoy, no vas a ser la misma persona cuando logres tus metas y tus sueños. Si quieres tener y crear un negocio exitoso, construir una familia increíble, tener las relaciones personales que siempre has querido, a lo que tú le llames éxito, va a ser imposible si te quedas siendo la persona que eres hoy.

Tienes que convertirte en la persona que mereces ser. Algo que pensaba es que a lo mejor yo no merecía tener eso que deseaba, que igual y eso no era para mí, mil historias para justificar el no ir por lo que realmente quería. Hasta que me di cuenta que iba a ser imposible tener el éxito que quería si seguía siendo la misma persona.

Así que, si quieres quedarte siendo la misma persona que has sido hasta hoy, entonces serás por siempre esa misma persona no exitosa porque quien eres ahora no se merece ese éxito. Necesitas merecértelo y ganártelo.

Si no tienes lo que quieres, es fácil darte cuenta de que no te has convertido en esa persona que merece tener lo que quiere. Y la única manera de obtener eso es creciendo y convirtiéndote en una nueva versión de ti.

Te convertirás en una persona diferente, la forma como te comportas, como piensas, y sobre todo la forma como ves el mundo a tu alrededor. Vas a tener distintas creencias, distintos comportamientos. El modo en cómo te conduces y como te levantas todos los días va a cambiar, así como el modo en como tomas acción.

No puedes quedarte en donde estás, cómodamente, siendo la persona que eres hoy y esperar y rezar para que las cosas sucedan. Eres tú quien tiene que cambiar, transformarse y evolucionar.

Entre más rápido te conviertas en esa persona que quieres ser, y entre más rápido tomes responsabilidad de tu vida, tus acciones y tus pensamientos más rápido conseguirás cumplir tus sueños.

Has escuchado miles de veces algo así como "nunca cambies", "se tú misma", "se fiel a tus raíces" "nos gusta, así como eres". Eso es lo que la sociedad piensa de los cambios, lo cual nuevamente es erróneo. El cambio es evolución.

Tan pronto empieces a cambiar, te convertirás en esa persona que sobresale, en esa persona a la quieren escuchar, en esa persona que es un modelo a seguir.

Una problemática de la humanidad es que nos hemos enfocado en el exterior, que si existe vida en otros planetas, que si el gobierno está haciendo bien su trabajo, que si mi esposo me trata bien, que si me gusta mi trabajo, y hemos dejado de ver y escuchar lo más importante. Tu yo interior.

Todos vemos la realidad de cierta manera, y esa manera es de acuerdo a nuestra percepción y de acuerdo a nuestros filtros. Esa es nuestra realidad. Y que sí, ¿esa realidad no existe como creemos que existe?.

Cuando empezamos a ver la realidad desde otras perspectivas es cuando empezamos a cambiar y nos convertimos en una nueva persona. Te empezarán a decir que ven algo diferente en ti, que has cambiado, lo cual es algo muy bueno.

El crecer y convertirte en la mejor versión de ti misma es igual a tener éxito. Y esto tendrá efectos no solo en tu persona sino en las personas que te rodean, familia, amigos, empleados, en tu sociedad.

Crecer y evolucionar en alguien mejor es lo correcto en vez de quedarte en donde estás y soñar con lo que pudo ser.

Lo que causa esta diferencia entre empujar por lo que realmente quieres o quedarte en donde estas es la manera disruptiva en como vez al mundo. Obviamente necesitas otros conocimientos y tomar acción, pero lo principal es tu mentalidad (mindset) y como evolucionas tu programación y tu sistema de creencias.

Las personas que están abiertas al cambio y a mejorarse continuamente, son las personas que hacen más dinero.

Este nuevo mindset hará que crezcas exponencialmente tú y por consecuencia tu negocio.

El poder ver al mundo desde distintas perspectivas y no solo desde tu punto de vista hará que tengas la película más completa y que puedas tomar mejores decisiones.

Un problema masivo que tenemos como sociedad es que no entendemos la psicología del ser y la identidad de cada individuo.

Otro problema es que nos sentimos con derecho y autoridad a todo. Creemos que nos merecemos aquello que queremos. Por ejemplo, creemos que si tan solo tenemos un título universitario ya vamos a ser más exitosas. La realidad es que actualmente la universidad es solo un requisito más y no para todas las empresas, de hecho, hay empresas importantes que se enfocan más en habilidades que en un certificado.

Además, tenemos la falsa creencia de que si yo estoy bien el otro está mal, si algo es correcto estará lo incorrecto. Un clásico son las religiones, para el católico el musulmán no es una buena persona. Hay una lucha constante de esta dualidad en todo. Para todo lo que creemos en este mundo, existe un opuesto.

Por último, tenemos una idea errónea de lo que es causa y efecto. Realmente creemos que la causa o el causante de todo lo que nos sucede no está en nuestro control. Creemos que el causante es algo más y vivimos con el efecto. Es como si viviéramos a merced de las circunstancias y solo obtuviéramos el efecto. Eso nos hace sentirnos que no podemos ser agentes causantes de nada en este mundo, y cedemos nuevamente el control a alguien o a algo más.

Si tú crees que en el mundo ya está todo inventado o hecho, que no hay suficiente dinero o es escaso, que todo ya está dicho y no hay nada nuevo en este mundo...... Va a ser muy difícil que llegues a tener el éxito que buscas. Esta manera de pensar solo está reforzando que tu manera de ver el mundo necesita modificarse y repararse.

Hoy puedo decir que mi transformación ha sido desde irme quitando miedos que me limitaban, hasta continuamente empujarme a salir de mi zona de confort. Y todo esto ha sido el resultado de trabajar en mi mente maestra, en mí mindset y transformar mis creencias de mí misma y de cómo veo al mundo.

Antes juraba que existía una fuerza externa que me frenaba y que no podía hacer nada al respecto. Hasta que logre crear conciencia de que esa fuerza era yo misma, yo misma estaba limitando mis opciones y auto saboteándome.

Realmente necesitas empezar a tomar responsabilidad de donde estás hoy y a dónde quieres llegar como persona, en tu negocio, en tu vida. Tú y nadie más eres responsable de lo que estás construyendo para tu futuro. El sentir culpa por no lograr lo que quieres no te ayuda en nada, solo alimentas el sentirte una víctima de las circunstancias y evades el tomar acción y el darte cuenta que eres un agente potente de tu vida.

Es tiempo de que veas las cosas de manera diferente y que comprendas la realidad de distinta manera. Creemos falsamente que las personas nacemos así y que ya no tenemos manera de cambiar. Que nuestro carácter ya está formado y que es muy difícil modificarlo y que debemos amarnos y aceptarnos tal como somos sin cambiar nada.

Toda esta manera de pensar nos limita porque no nos permite ver que podemos convertirnos en las personas que queremos y construir y diseñar la mejor versión de nosotras mismas.

Es verdad que la gente puede cambiar. La sociedad nos enseña y nos dice que es malo querer ser diferente a lo que somos.

Sucede que alguien nos puede decir algo que otra persona dijo que igual ni siquiera lo dijo. Y lo aceptamos como una verdad y nos lo creemos y lo repetimos en nuestra mente una y otra vez. Se lo decimos a otras personas y ese comentario crece más y más. Antes de que nos demos cuenta afectó todo nuestro mundo y nuestra existencia.

Igual que un maestro te dice que no eres buena en matemáticas cuando eras niña eso te puede hacer que si te conviertas en pésima en matemáticas, o si te dicen que eres pésima en tecnología, o malísima para los deportes y así, se convierten esos pensamientos en un virus mental.

Esto es lo que ha sucedido con nuestra filosofía y nuestro paradigma de cómo vemos al mundo, el cual necesitamos cambiarlo para poder mejorar y realmente crecer. Convertirnos en mejores y más grandes personas de lo que somos ahorita.

El nuevo paradigma se trata de entender que no somos estáticos y siempre estamos en un proceso de convertirnos en algo más. El ser estático es aquél que no cambia. Algo así como "ah, tu eres quién eres", "la gente nunca cambia", "sé tú misma", "no te olvides de dónde vienes" todas estas frases las dicen las personas todo el tiempo.

Te has puesto a pensar ¿Quién eres realmente? ¿De verdad? ¿Dónde está eso que le llamamos el ser? ¿Lo podemos explicar? Porque nadie puede y es porque el SER no existe. Nos llamamos a nosotras mismas, les hablamos a otras personas por sus nombres, tenemos nuestras cuentas de redes sociales donde ponemos nuestras fotos. Nos ponemos tristes por algunas cosas o enojadas por otras. Algunas personas son nuestros enemigos y otras nuestros amigos, dependiendo que tanto se alinean con nosotros, con nuestra imagen. El ser no existe. El ser es meramente una creación hecha por nosotras mismas con historias del pasado.

Cada persona en el mundo quiere mejorar y crecer, pero eso es imposible cuando no quieres perder tu yo, tu ser, tu identidad. Y la única manera de lograr el éxito es convertirte en esa persona que lo merece.

Mientras el mundo ha tratado de definir el ¿quién SOY?, la única pregunta que es importante es ¿EN QUIEN ME ESTOY CONVIRTIENDO? Eso es todo, ésa es la única pregunta, ya que la vida no es estática.

Nos estamos moviendo constantemente. Las cosas cambian, las personas nunca estamos estáticas. Ahora pregúntate ¿Cuál es tu visión, en quien te quieres convertir?

Todas deberíamos de tener un héroe al cual seguir o en el cual podamos inspirarnos, porque eso nos ayuda a querer ser mejores personas, sin eso corremos el riesgo de perdernos. Lo mejor que podríamos hacer es volvernos nuestras propias heroínas en un año, y luego en 5 años, y así sucesivamente estar aumentando nuestros estándares y construir la mejor versión de nosotras mismas.

Debemos de estar constantemente persiguiendo a esa heroína. Tomarnos el tiempo para diseñarla y perseguirla, hacerla crecer. Esa heroína siempre tendrás que ser tú, solo que una mejor versión de ti. Esa es la mejor manera de vivir porque eso significa todo. El tomar nuestra vida y diseñarla de la manera que queramos y saber que tenemos todo el poder para hacerlo, tenemos todo el control. Nos convertimos en lo que queremos ser y esa es la mejor manera de ayudarnos y de ayudar a otros.

Ahora bien, el tener éxito no solo es acerca de hacer dinero, es acerca de mejorar cada área de tu vida. Este nuevo mindset lo vas a usar para todo. Y lo único que es importante es quien te estás convirtiendo. ¿Cuál es ese carácter que estás desarrollando? Si no lo sabes, entonces eso significa que estás solamente dejando toda tu vida a la suerte y no tienes control sobre nada. Cuando haces eso, terminarás siendo alguien que no quieres ser.
Esto sería como tomar un camino al azar. Necesitas darle la intención a tu vida y necesitas tener una heroína y esa heroína debes de ser tú y tendrás que ayudarle a crecer constantemente.

Vas a encontrar que todo esto que pensabas eran limitaciones y enemigos y fuerzas en tu contra, ideas que tenías con las que literalmente decidiste engancharte y creértelas.

Nacemos en un ambiente y nos convertimos en el producto de nuestros pensamientos, decisiones y acciones que tomamos. Con el ser estático, naces de una manera y no puedes cambiar quién eres. Tenemos que lidiar con eso.

Lo importante es aceptar que podemos ser quien queramos ser y que podemos lograr lo que queramos lograr. Eso es nuestra aceptación. Podemos ser quien decidamos ser, y si no es así es porque no intentamos suficiente, no tratamos lo suficiente o no pusimos el suficiente esfuerzo o trabajo para lograrlo. Es así de simple, y de fácil.

Si quieres cambiar algo, lo puedes hacer. Es solo una decisión. Y si te enfocas en tus mejores talentos y fortalezas, en lo que ya tienes de manera natural, el crecimiento se maximiza. Enfócate en lo que si tienes y no en tus debilidades.

Donde más posibilidad de éxito vas a tener es desarrollando tus talentos naturales.

Conviértete en quien quieras ser y no te sientas mal por perder tu SER en el proceso. Hay que entender que cualquier sentimiento que surja de nuestro viejo SER es natural. Si queremos convertirnos en alguien que no somos, va a ser un poco incómodo al principio. Cuando te conviertas en esa nueva persona, esa incomodidad desaparecerá. El viejo SER se irá.

Cuando empiezas a cambiar, ahí es cuando los resultados llegan. Los mejores resultados llegan cuando más grande es el cambio. Entre más incómoda te sientas, significa que estás empujándote más, y significa que estás por derribar una barrera más grande. Entre más grande la barrera, mayor será tu crecimiento.

Recuerda que el SER no existe, es solo una ilusión creada por nuestras historias del pasado. Es importante desapegarnos del SER y dejarlo ir. Enfocarnos solo en quien nos estamos convirtiendo.

La persona que crees ser es solo una ilusión creada por tu propia imaginación. Lo único importante es en quien te estás convirtiendo. Esa es la pregunta. Y esa es la pregunta más importante que tenemos que hacernos como seres humanos. Siempre estamos convirtiéndonos en algo.

ENCARANDO TUS MONSTRUOS

Entender tu lado obscuro y entender que ese lado obscuro es destructivo para ti es probablemente lo más importante que puedes hacer por ti porque la vida es más de aprender a manejar tus puntos bajos que manejar tus puntos altos.

Es súper importante estar conscientes de esas bajas más que de esas altas, porque si no aprendemos a observar esas bajas, cualquier cosa buena que hagamos, cualquier cantidad de dinero que generemos, las cosas que construyamos, este lado obscuro terminara por destruir todo eso que construimos y no hay nada tan doloroso como eso.

Encarar ese lado obscuro que tenemos es súper importante y será lo más rentable que hagas en tu vida y en tus negocios.

Si alguien tiene problemas en su negocio y quiere hacerlo crecer, solo va a buscar la respuesta dentro de su negocio. Esa manera de pensar es incorrecta, ya que, si algo está pasando en tus negocios, muy probablemente te está pasando algo en tu vida personal.

Replicamos eso que sucede a todas las áreas de nuestra vida, aunque no lo tengamos consciente muchas veces. Y solamente vemos los efectos de eso que está sucediendo, pero no nos vamos a la causa y lo único que estamos haciendo es como ponerle un curita a una herida que necesita una reconstrucción. Así no funciona.

Mi experiencia de enfrentarme a mi lado obscuro ha sido de una constante lucha interna, autosabotaje, dolor, ansiedad y seguir trabajando en lidiar con eso y construirme como una mejor versión de mí.

Todos pasamos por esa lucha en el proceso de volvernos exitosas. Las personas ven a personas exitosas y piensan algo así como "seguramente así nació" "lo trae natural" "siempre ha sido así" y nos contamos todas estas historias que no son ciertas.

49

Lo que si te puedo decir es que puedes sobrepasar ese dolor de estar luchando de una manera rápida si así lo decides.

Pero ¿Qué es eso de tu lado obscuro?
Te has preguntado ¿Por qué un lado de ti es constructivo y el otro destructivo?

¿Alguna vez has construido algo y empieza a caminar positivamente, y después se echa a perder? Y te dices a ti misma, "No bueno, eso ni intentarlo". Es como si tuviéramos estas dos voces dentro de nosotras todo el tiempo. Una voz quiere que hagamos algo, la otra no quiere que hagamos nada. La batalla entre estas dos es muy dolorosa.

¿Porqué es que construimos cosas y luego las tiramos y nos sentimos mal al respecto? ¿Por qué nos sentimos que tenemos este lado bueno y este maligno, este lado obscuro y este lado lleno de luz?.

El emprendimiento y el volverse exitosa en cualquier área de tu vida, ya sea si te quieres volver atleta, si quieres hacer mucho dinero, si realmente quieres lograr un nivel de éxito enorme en lo que sea, tienes que dominar dos cosas.

Una es al sujeto. Si realmente quieres ser buena en tenis, primero hay que aprender las reglas del tenis, entrenar y practicar. Lo más importante es saber manejar tu mente y ser capaz de controlar tus emociones regulando tu comportamiento.

Si estudias a los atletas o a cualquier empresaria exitosa, son unos maestros en cómo se controlan a ellos y a sus mentes, porque la vida no es acerca de cómo te desarrollas cuando las cosas van bien. Es más acerca de cómo te desarrollas cuando las cosas van mal. Es muy importante entender esto y aprender a cómo protegernos cuando estamos en nuestros puntos bajos. Cuando las cosas van mal, como poder empujar hasta que parezca que no sucedió nada.

¿POR QUÉ TE AUTOSABOTEAS?

Te has preguntado ¿por qué hay veces que tenemos toda la actitud y motivación para hacer algo, y de repente nos comportamos de una manera que ni siquiera nos queremos levantar de la cama? Esto no tenía ningún sentido para mí y me llego a causar mucho dolor. Sentía esta sensación extraña en la que quería hacer algo, pero me auto saboteaba y al mismo tiempo mejor ya no lo quería. Me empezaba a contar historias de que eso realmente ya no era para mí, que ya no valía la pena. He aquí mis dos lados, el que quería lograr algo y el otro lado el que me decía que no podía hacerlo.

Creo que muchas personas cuando están empezando sus negocios, enfrentan este problema. Quieren convertirse en algo más grande, pero este otro lado sigue destruyendo de alguna manera lo que van construyendo. Todo aquello que deseaba, era como si una fuerza en contra mí me jalara y me tirara. Cualquier meta que quisiera lograr, llegaba a la mitad y de repente hacia algo que yo misma la saboteaba. Cuando las cosas iban bien, hacia algo estúpido y lo echaba todo a perder.

Una vez que construyes algo y luego lo destruyes, el sentimiento es muy doloroso. A veces pienso que era mejor no construir nada que pasar por el dolor de estar tan cerca de lograr eso que quería y de repente "poom" se cae ese sueño.

He visto emprendedores hacer esto todo el tiempo, todos los días. Están constantemente en estos ciclos de construcción y destrucción, se repiten una y otra vez. Entonces, después de haber pasado por estos ciclos una y otra vez, comencé a notar un patrón. Empecé a reconocer que en este dolor y sufrimiento había un patrón que realizaba.

Empecé a notar que mi vida era realmente altas y bajas. Tenía mis sueños, metas y deseos, empezaba a construir cosas y a cierto nivel por alguna razón se destruía lo que había estado construyendo. Lo interesante de esto es que destruía eso que había construido, pero hasta cierto nivel y volvía a construirlo hasta cierto nivel. Estos niveles eran casi siempre los mismos. Eso fue increíble poderlo ver.

Empecé a reconocer que eran muy predecibles esos picos y los procesos eran idénticos en el nivel que aumentaba o que disminuían. Era como si existiera un termostato que hasta cierto nivel llegaba hacia arriba, de repente se apagaba y se regulaba hasta llegar a un punto bajo.

Pero igual llegaba hasta cierto nivel de su punto bajo. No me dejaba ir muy abajo. Nunca llegue muy alto ni muy bajo. Estas subidas y bajadas eran idénticas. Mi fuerza proactiva era igual que mi fuerza destructiva.

Fue fascinante poder ver esto, el reconocer que había un orden dentro del caos en mi vida y además había un ciclo en donde construía cosas y luego destruía cosas. Este patrón existía en todas las áreas de mi vida. Me pasó con el dinero, tenía un número mínimo que tenía que tener en el banco, y tenía un número máximo que no pasaba de ahí. Entonces me sentía segura cuando estaba en ese máximo, empezaba a flojear, a trabajar menos, hasta que volvía a llegar a ese mínimo y otra vez empezaba a empujar para volver hacer más dinero. Si llegaba a mi número de pánico, de manera inmediata comenzaba a tomar acción y a ser más productiva para volver a aumentar esos números.

Estaban presentes estos dos lados, el alto y el bajo, este número en el que me sentía segura y dejaba de empujar. Esto, aunque no lo creas le pasa a todo mundo. Todos tenemos un número con el que nos sentimos seguros y un número con el que entramos en pánico.

Sucede con todas las áreas de tu vida. Mentalmente también me sucedía, tenía estos puntos altos en los que dormía súper bien, tomaba agua, me alimentaba muy saludable, estaba muy enfocada, muy productiva hasta que llegaba el día en que salía con mis amigas, tomaba, y al otro día no quería levantarme de mi cama por la cruda y el malestar que sentía por la noche anterior. Ese día ya estaba perdido y los siguientes me costaba mucho trabajo volver a retomar mis actividades de una manera productiva. Y esta situación era un ciclo continuo.

Entonces durante la semana trataba de ponerme otra vez en el camino, estar enfocada, creativa, productiva y llegaba el miércoles o el viernes y otra vez la misma historia, diversión, alcohol, desvelo y así durante varios años estar lidiando con esos puntos altos y bajos.

El promedio de estos puntos altos y bajos era el promedio de cómo estaba mentalmente. Así es como operaba.

Creo que esto no le pasa a todo el mundo, pero cuando eres más joven es algo con lo que la mayoría lidiamos. Y no hay nada malo en divertirte, salir con amigos y pasarla bien, pero cuando ya decides ser una emprendedora, y empiezas un negocio lo que quieres realmente es crecer. El estado mental en que estés es lo más valioso con lo que cuentas.

Cuando tienes un trabajo de 8 horas no necesitas estar siempre concentrada o enfocada. Pero si estás tratando de hacer algo de manera poderosa con tu vida y cuando estás empezando tu negocio, realmente necesitas empezar a valorar tu claridad y tu astucia mental.

Lo mejor que he hecho en mi vida fue dejar de tomar de la manera que tomaba y dejar de irme de fiesta como lo hacía hace unos años. Esta ha sido una de las cosas más importantes que he dejado de hacer.

Y no estoy diciendo que tú también dejes de hacerlo. Si te tomas una copa de vino tinto de vez en cuando, no tiene nada de malo. Pero si crees que el alcohol puede ser un hábito destructivo en tu vida que te causa problemas, definitivamente es algo que deberías de desechar porque eso ayudará exponencialmente a tu negocio, a la gente que te rodea y con la que trabajas.

Era como si una cosa iba bien, todo lo demás iba bien y estaba en la cima de mi vida, y de repente todo se empezaba a caer. Si una cosa iba mal, todo empezaba a ir mal y era un desastre. Hasta ese punto de mi vida no entendía mis comportamientos. Pensaba que mi vida dependía de lo que pasaba y que yo no tenía ninguna influencia en lo que sucedía. Como si el Universo conspirara y yo no tenía ningún poder sobre lo que sucedía en mi vida.

Era una víctima de las fuerzas naturales, del mundo, de la sociedad, y no había nada que yo pudiera hacer. Eso era lo que pensaba. Sentía que estaba operando en modo automático en mi vida y que no podía tomar el control y que la vida era difícil de llevar. Me pasaban cosas negativas y me sentía una víctima de las circunstancias pensaba pobre de mí, le echaba la culpa a alguien o a algo de lo que me estaba pasando.

Después de pasar muchas veces por este mismo ciclo de altas y bajas, y pasar sobre este proceso de dolor, empecé a reconocer este patrón en mi propia existencia. Empecé a ver que existían ciertas leyes del Universo de las cuales yo no estaba consciente. Las leyes de causa y efecto.

Hay algo que es muy importante también entender y es que hacer dinero no solo se trata de hacer dinero. Necesitas entenderte como persona. Conocerte más internamente y tener un propósito en tu vida.

Creo que el ganar dinero o lograr una meta no es solo el camino, el chiste de esto reside en mantenerte en ese lugar, ganarlo y no perderlo. Mantenerte ahí. Muchas personas en sus vidas y en sus negocios, especialmente emprendedores que están comenzando, no saben proteger sus puntos bajos. Pueden llegar a hacer dinero y llegar a hacer cambios positivos, pero después llegar a destruir eso que construyeron. Empiezan a gastar ese dinero en cosas innecesarias y dejan de empujar a seguir mejorando sus habilidades, se quedan en su zona de confort. Y de repente, ya no tienen otra vez dinero y empieza nuevamente el desorden.

Ante esto, empecé a desafiarme en encontrar la fuente de este comportamiento que era tan destructivo. Quería entender ese estado mental que no me permitía romper esas limitantes y seguir avanzando a donde yo quería.

¿Qué tal que pudiera estar permanentemente en ese estado de poder, en el que estaba siendo muy productiva, obteniendo resultados, enfocada, precisa en mi toma de decisiones, siendo exitosa consistentemente y si pudiera remover ese lado destructivo y solo quedarme en el lado positivo?.

Quería entenderme, entender mi mente y cómo funcionaba. Quería entender cómo podría hacer más dinero, ser más exitosa en mis negocios y más que nada entender a mi mente y como se relacionaba esta con todo lo demás.

Y a pesar de que estaba ya consciente de este patrón en el cual construía y luego destruía, estos altos y bajos. Seguía haciéndolo y seguía echando a perder las cosas que estaba construyendo en mi vida. Me sentía tan cerca de lograr mis sueños y de repente volvía a estar en mi punto bajo y tenía que empezar nuevamente ya que lo que había construido ya lo había vuelto a destruir.

La verdad es que estaba tratando de evadir el dolor de ver como perdía aquello que había construido una y otra vez. Y estaba en un estado de negación porque era muy doloroso.

Y si puedes identificar un patrón como este en algún área de tu vida, ya sea con tu cuenta de banco, con tu régimen alimenticio, con tu deseo de mantenerte saludable, con lo que sea, estás viviendo en una constante negación. Y el vivir en la negación es un pase seguro a no conseguir lo que quieres en tu vida o en tus negocios. Vivir en la negación es igual a no tomar responsabilidad de tus propias acciones y hacerte tonta pensando que puedes actuar de manera irresponsable y no enfrentar las consecuencias. Querer evadir las leyes de causa y efecto, esto no está en la realidad. Es estar viviendo en una fantasía.

Vivir en la negación es cuando te rehúsas a enfrentar la verdad y no quieres dejar que fluya tu vida teniendo una vida infeliz. Es cuando haces algo que sabes que no es bueno para ti, y luego te sorprendes cuando tienes las consecuencias de esa acción.

Por ejemplo, cuando salgo y tomo alcohol de más, evidentemente al otro día me voy a levantar sintiéndome mal y lamentando el haber tomado. El momento en el que decidí tomar sabía que al otro día mi cuerpo iba a estar mal y mi mente también, sin embargo, aun sabiendo que así me iba a sentir, decidí hacerlo.

Es como si quisiera engañarme, taparme los ojos y hacer como que tome esa decisión sin estar consciente. Estoy negando mi responsabilidad. Tengo conocimiento de las consecuencias de mis acciones, y al mismo tiempo hacerme tonta yo misma pensando que eso no me va a pasar a mí. Necesitas enfrentar la verdad.

Enfrentar a la verdad y dejar de mentirte es lo que te va a permitir sobrepasar esas limitantes y ser libre.

El dejar de tratar de escapar de esa parte que no quieres ver de ti, enfrentar ese dolor es lo que va a ayudar a sobrepasar tus limitantes más profundas. Muchas personas tenemos muchos hábitos como tomar en exceso, irte de fiesta, comer en exceso, que lo único que hacen es sedarte y escapar del dolor que estás sintiendo.

Todavía recuerdo cuando el dolor era tan intenso que siempre quería escapar de él. Lo hacía de diferentes maneras, principalmente era yéndome de fiesta con mis amigas y tomando alcohol hasta sedarme y escapar de esa ansiedad y dolor que sentía.

Enfrentar ese lado "obscuro de ti" es igual a sentirte libre y tomar toda la responsabilidad sobre tus acciones y poder ver que tu vida es lo que tú has construido en ella. Tu vida es tu espejo.

Antes de enfrentar esto y tomar esa responsabilidad en mi vida, también era capaz de hacer dinero, pero estaba en un lugar de lucha constante y se iba ese dinero de una manera que ni me daba cuenta.

En la vida, llegan momentos en los que te das cuenta que no importa cuánto dinero hagas, sino que seas capaz de mantener ese dinero contigo. Todo en la vida se trata de lo que hagas sino de lo que puedas mantener. Porque si tienes un lado muy poderoso, pero tienes un lado negativo igual de poderoso, vas a terminar teniendo nada. O peor aún, si tu lado negativo es más poderoso que el positivo, vas a terminar con menos cero.

Si logras enfrentar la verdad, el dolor y sufrimiento va a desaparecer de tu negocio y no solo de tu negocio sino de tu vida.

Páginas atrás hablábamos sobre las leyes que rigen el Universo. Las leyes de causa y efecto del Universo. Y para explicarlo de manera sencilla es para cada acción, hay una igual u opuesta reacción. - Issac Newton. Es algo tan simple como esto, pero es profundamente poderoso cuando entiendes como funciona en tu vida.

Solo necesitas pensar en los dos lados, acción, reacción, altas y bajas. Cuando estoy en mi punto bajo en el banco, por ejemplo, empiezo a ser súper productiva y a generar nuevos proyectos e ingresos, no quiero bajar más de ese nivel, dejo de gastar dinero, cuido todo en lo que gasto, empiezo a ahorrar y a tomar conciencia. Así es como tomo acción, y eso me ayuda a reordenar mi vida otra vez.

Normalmente lo que hacemos es que empezamos a tomar acción para construir eso que queremos y después tomamos igualmente acción para tirar todo eso que habíamos construido.

Y lo que sucede es que con estas acciones lo que pretendemos es burlar las leyes de causa y efecto. Te preguntas porque es que no has logrado lo que quieres o porque la vida no va como tu quisieras. Empezamos a culpar a otras personas o pensamos que esta fuera de nuestro control, pero solo estamos viviendo el efecto de la causa, y la causa fueron todas las acciones que tomamos. La única manera de ser exitosa es merecértelo. Si queremos hacer dinero, tenemos que hacer algo que agregue valor. Si puedes agregar valor, vas a hacer dinero.

EFECTO ESPEJO

El efecto espejo es muy interesante. Es similar "a cada acción hay una reacción de igual magnitud, pero de sentido contrario" a excepción de que el espejo lo podemos entender de una manera diferente. Tus miedos y juicios son solo un reflejo de como piensas y como te comportas. Esto fue muy revelador para mí el darme cuenta porque yo siempre fui muy juiciosa. Muchas veces no lo decía, pero si lo pensaba y creía que si no lo decía no contaba, solo si se lo dices a la otra persona eres alguien que juzga.

Nunca pensé que era juiciosa solo por tener estos pensamientos. Siempre juzgaba a los demás. Pensaba "esa persona es muy criticona" o "ella es super malintencionada", o "que interesada se ha vuelto mi amiga" me la pasaba juzgando a los demás, ya era algo muy natural para mí.

Y pensaba que no pasaba nada porque esos juicios solo estaban en mi cabeza, y probablemente otras personas tampoco me juzgarían.

Y realmente es muy tonto, porque si tu juzgas a alguien, no vas a ser capaz de hacer nada extraordinario por el miedo a ser juzgada. Así es como funciona. Si juzgas a otras personas, eso significa que ahora tú vas a tener mucho miedo de tomar acción. No vas a ser capaz de salirte de tu zona de confort porque vas a tener un enorme miedo de que otros te vayan a juzgar.

Y es fascinante poder descubrir cuando alguien está juzgando a otra persona como quedan expuestos sus propios miedos. No se trata de la otra persona sino de mis miedos que tengo y como los proyecto en los demás.

Cuando las personas están en una discusión y alguien sale ofendido y empiezan a etiquetar a otras personas, a discutir y a atacarse. Las personas no entienden que solo están revelando lo que quieren esconder de su persona.

Es como si las personas estuvieran revelando sus cartas. Te están enseñando su mano, que cartas traen, pero no piensan que lo están haciendo.

La única manera de liberarse del miedo a ser juzgado es parar de juzgar a las demás personas. Y es un hábito, ya que lo tienes consciente, dejas de tener opiniones sobre las demás personas, dejar de hablar de otras personas, simplemente enfocarte en ti y en lo que es importante para ti.

Personas que me caían mal, decidí dejar ir esos sentimientos negativos hacia ellas y empecé a probarme que se sentía estar en sus zapatos. Fue increíble lo que empezó a suceder. De repente, cualquier miedo que antes sentía de que alguien hablara o dijera de mí, desapareció. Ahora puedo hacer lo que quiero, decidir sin pensar en ese miedo a que me rechacen, desapareció el miedo a que van a decir de mí. Esto fue muy liberador.

Y de verdad es muy interesante como muchas personas tienen tanto miedo a hacer algo y el miedo no es tanto a hacerlo sino a que van a pensar de ellos.

Si alguien tiene mucho miedo de salirse de su zona de confort, entonces eso significa que están juzgando a otras personas que se salen de su zona de confort. La única manera de librarte de ese miedo es dejar de juzgar a esas personas que se salen de su zona de confort. Es tan sencillo como eso. Esto va a cambiarte totalmente tu forma de actuar y de ver al mundo.

A partir de ahora, no quieres juzgar a nadie y querrás dejar ir esos sentimientos y esas etiquetas que le has puesto a las demás personas. Después de lograr esto, vas a ser totalmente invencible y capaz de hacer lo que quieras sin miedo.

Si no inviertes en ti, otras personas no invertirán en ti. Este fue otro gran entendimiento que tuve. Es como si no inviertes en tu educación y mejoras tus habilidades, entonces nadie va a invertir ninguna cantidad de dinero en ti como empresaria o emprendedora. Esto fue increíble entenderlo porque empecé a notar que todas las personas que eran muy codas y no querían gastar, que no querían invertir en su educación, en mejorarse, a esas personas eran a las que no les iba bien en sus negocios, siempre estaban batallando.

Empecé a reconocer este patrón de comportamiento en mis propias inversiones. Cuando estaba segura de que quería gastar esa cantidad en un programa específico resultaba ser como un espejo ya que era la misma cantidad que mis clientes estaban dispuestos a pagar por mis servicios.

Aquí lo que vale la pena resaltar es fascinante. Los precios que estás segura de cobrar en tu negocio son los mismos precios que tú estás dispuesta a invertir en ti, en mejorarte. Por cada acción, hay una reacción igual pero contraria a la reacción. Así es como funciona el espejo.

Si quieres pensar en esto cuando estés decidiendo comprar algo, los demás van a hacer exactamente lo que estás haciendo. Si eres de las personas que necesitas tiempo para tomar una decisión, lo mismo va a pasar cuando les vendas tus productos o servicios, lo van a pensar antes de tomar una decisión. Y no digo que no evalúes lo que vas a decidir, pero si ya tienes en mente lo que quieres solo necesitas ciertos datos para decidirte, y eso se da en el momento, tú ya sabes en ese momento si lo quieres o lo necesitas o no. Pero tenemos ese hábito de tomarnos el tiempo, darle la vuelta, validar que lo que estamos decidiendo es lo correcto. Y que crees que va a suceder, cuando quieras vender algo, tus clientes te van a hacer lo mismo.

Cuando pude ver este patrón, empecé a decidir en ese momento lo que quería, evaluaba si me convenía o no y listo. Me decidía.

Te invito a que, a partir de ahora, no vuelvas a pensar tanto y darle vueltas a lo que quieres decidir. Quieres tener esa decisión, y está bien si dices no. Lo que no debes permitirte es dejar esa opción abierta. Es un sí o un no.

Muchas personas piensan que es irresponsable tomar decisiones rápido, en el momento, pero te puedo decir que las personas billonarias y millonarias, piensan que es irresponsable darle vueltas a las decisiones. De ahora en adelante vas a querer ser una persona con poder de decisión.

Si eres grosera con tus proveedores cuando les compras vas a atraer el mismo comportamiento con tus clientes. Luego comencé a notar que se enojaban porque sus clientes los atacaban también.

Siempre están en una constante batalla, y después de que actúan se sorprenden porque no saben porque la gente se comporta así con ellos. Así es como funciona. Si eres grosera a quien le compras, si cuando vas a comprarles les pides descuentos o rebajas, o que te regalen algo, ¿Cómo crees que tus clientes se van a comportar contigo? Van a querer todo con descuento.

Si siempre estás buscando cosas gratis, tus clientes siempre van a querer cosas gratis.

Desde ahora te conviene dejar de ser esa persona que quiere cosas gratis y empezarás a notar que tus clientes, tu mercado empezara a hacer el efecto espejo hacia ti.

Si eres alguien que busca pagos diferidos, ¿qué crees? tus clientes te van a pedir pagos diferidos. Si eres de las personas que pide reembolsos, tus clientes van a ser el tipo de clientes que pide reembolsos. Así es como funciona. Es solo el reflejo del espejo que hemos estado hablando.

Las personas que están batallando con su mercado y sus clientes es porque están haciendo exactamente lo mismo con sus clientes. No puedes engañar al espejo. Yo creo que muchas de las personas piensan que le pueden hacer algo a alguien y no va a suceder nada. La clave es vuélvete el cliente que deseas tener y atraer. Tienes que pensar en quien es tu cliente soñado. ¿A quiénes quieres como clientes en tu negocio? ¿Cómo se comportan? ¿Cómo te tratan? Así hasta que te conviertas en ese cliente.

Cuando compras de otras personas, así como te comportas con ellos así es como tus clientes se van a comportar contigo.

Otro punto importante es que quieres convertirte en una persona decidida al momento de tomar decisiones de compra. Nunca dejes ninguna decisión en el limbo. Es un sí o un no.

Cuando no te decides lo que sucede es que te toma una gran parte de tu espacio mental el tener esa decisión sin resolver. Una vez que tienes tantas cosas en tu área gris, tu cabeza no puede dejar entrar nada nuevo. Si tenías 20 decisiones en tu mente solo de tu vida personal y no las tienes decididas en un sí o un no, entonces no vas a ser capaz de hacer nada en tu negocio porque tu mente ya está llena de información.

Si quieres hacer limpia en tu mente y crear nuevos espacios, debes de empezar a limpiar y empezar a decidir todo en un sí o un no. De ahora en adelante, toma tus decisiones de compra en ese momento, inmediatamente y págales a tus proveedores a tiempo. Hazles saber que eres la mejor clienta con hechos. Vas a querer dar buenas propinas, ser generosa, dar testimoniales, y decir gracias. Las personas que son generosas siempre tienen a personas que son generosas con ellos.

Cuando yo fui tacaña con todo y no quería ser generosa con nadie, no podía atraer a nadie que quisiera invertir en mí.

Si alguien tiene miedo de algo, eso significa que ellos tienen ese mismo comportamiento. Si alguien tiene miedo de que su mercado no pueda tomar una decisión de compra en una llamada, entonces eso significa que ellos no toman decisiones en una llamada.

Nunca hagas a otros lo que no quieres que te hagan a ti.
No puedes tomar acción y no esperar la reacción. Una vez que empiezas a hacer esto, tu vida entera va a cambiar. Vas a empezar a tener todo lo que deseas.

RECUERDA

Las personas no tienen problemas de negocios. Tienen problemas de vida que se reflejan en los negocios. Sus negocios no están haciendo dinero, o tienen negocios que no son saludables, o no están siendo innovadores, no están creciendo. Entonces empiezan a indagar dentro de su organización para saber porque les está sucediendo esto a sus negocios y crear tácticas para mejorarlos.

Lo que ignoran totalmente es que lo que tienen son problemas en su vida y esos problemas se están reflejando en sus negocios.

Si no has creado un compromiso con tu empresa, con tu negocio, tampoco has creado compromisos en tu vida personal, o lo has hecho a medias. Si tienes una casa desordenada, probablemente tengas un negocio desordenado y probablemente tengas una mente desordenada. Si tienes un cuerpo no saludable, probablemente tu negocio está igual.

Lo que sucede cuando empezamos con nuestro primer emprendimiento, la parte financiera se vuelve un tema. No tenemos control sobre esa parte, nos dedicamos a todo y lo más importante lo dejamos a un lado. Eso mínimo durante el primer año. Tenemos un negocio que no es saludable, y ¿Qué crees? seguramente si te sucedió eso físicamente tampoco estabas teniendo hábitos saludables. La buena noticia es que cuando decides cambiar un área de tu vida y convertirla en un área saludable, empiezas a replicar las demás áreas, negocios, relaciones personales. Es un patrón y es fascinante poderlo ver.

Si tienes algún problema no resuelto en tu vida personal, eso te llevará a tampoco poder resolver los problemas que tengas en tu negocio ya que ese problema personal estará ocupando tu cerebro completamente. Si alguien no puede hacer ningún movimiento en su negocio, entonces su mente está totalmente ocupada con problemas personales y aquí lo ideal es limpiar todos esos problemas que tengas, para que de esa manera tengas el 100% de tu cerebro listo para tomar las decisiones que necesitas tomar y que te ocupan. Como quien dice eliminar o desechar basura de tu cerebro para darle espacio a lo que es importante.

La única manera de resolver de fondo los problemas que tengas en tu negocio es primero resolver tus problemas personales. Tu negocio es una extensión y un reflejo de ti. Por eso es muy importante reconocer los problemas que tengas en tu negocio como un reflejo de los problemas que estés teniendo en tu vida personal.

Como haces una cosa, así es como haces todo. Esto es una lección enorme. Y es un patrón de tu existencia. Y volviendo a las leyes de causa y efecto, si yo realizo una acción destructiva, tendré una reacción destructiva, o si yo realizo una acción constructiva, tendré una reacción constructiva.

No importa que tan pequeño sea lo que hagas, así como realizas esa acción realizas todo en tu vida. Este patrón estará presente cuando tomes también las decisiones más importantes en tu vida. Tu comportamiento se va reflejar en todo.

Si alguien no está comprometido con su negocio y con su éxito, esa falta de compromiso estará presente en todas las áreas de su vida, hacer ejercicio todos los días, comer saludable, ser puntual, relaciones personales.

Es muy importante comenzar a limpiar todo eso que sientas que necesitas arreglar, y cada vez que limpias algo, eso se ve reflejado en tu negocio. Es de verdad increíble como sucede.

Además, es muy importante que estés consciente de eso que quieres limpiar. Y siempre recuerda si no estás siendo saludable en un área de tu vida, no estás siendo saludable en todas las demás áreas.

Si vas al gimnasio todos los días, haces toda tu rutina, realizas la misma rutina todos los días, pero no estás emocionado en ningún punto de tu entrenamiento, así es exactamente como haces toda tu vida. Así es como lees un libro, así es como escuchas música, así haces todo, de verdad, aunque no lo creas. Por eso es tan importante hacerlo consciente y que lo puedas ver para que de esa manera puedas empezar a reprogramarte a la persona en la cual te quieres convertir, entiendas tus patrones. Piensa en cuando vas al gimnasio y como realizas tu entrenamiento, si lo disfrutas, si le echas ganas, o si vas con mil flojera, cero motivada. Piensa como haces diferentes cosas en tu vida. Esa va a ser una señal de como haces todo lo demás en tu vida.

Lo interesante de esto, es que no estás estancada con nada de esto. Muchas personas piensan que una vez que ya identificaron ciertos patrones ahí se van a quedar y no pueden ya cambiarlos y estos patrones serán para toda la vida. Esto no es cierto para nada. Tú puedes cambiar todo lo que quieras de arriba a abajo.

No importa lo que sea. Puedes cambiar cualquier comportamiento o patrón que tengas.

Este proceso que te estoy mostrando, este nuevo MINDSET puede recalibrar completamente tu cerebro y cambiar toda tu existencia. Cuando nos damos cuenta de los problemas que tenemos, nos sentimos mal acerca de ellos. Pero no se trata de eso, sino más bien de estar conscientes de ellos para poder arreglarlos y resolverlos, porque si eres una persona que no está contenta con los resultados que está teniendo o la vida que lleva, entonces necesitas empezar a cambiar porque si sigues haciendo lo mismo que has hecho siempre, seguirás teniendo lo mismo de lo que tienes ahora. Seguirás teniendo los mismos resultados.

Si sigues haciendo las mismas cosas y esperas un resultado diferente, se le llama locura según Einstein. Si quieres un resultado diferente, tendrás que cambiar algo. Eso es lo que estamos tratando de hacer con este libro y con mis entrenamientos de coaching.

Lo que quieres hacer es comprometerte con ser excelente en cada área de tu vida porque ya te diste cuenta que, así como haces una cosa en un área así haces todo.

Si quieres ser una ganadora en la vida, tendrás que comprometerte en cada faceta de tu existencia, en cada área. Una mente sana, un cuerpo sano, un estilo de vida sano, dormir bien, tomar mucha agua, hacer ejercicio. A lo mejor dices, pero todo esto ¿Por qué? Imagínate que no tomas agua suficiente, te deshidratas y lo que sucede es que cuando estas deshidratada no puedes enfocarte y ser precisa, por lo tanto, no serás igual de productiva, y te costará dinero. Esas pequeñas decisiones pueden afectar tremendamente a tu cuenta de banco.

Vas a querer tener tu casa y tu oficina en óptimas condiciones siempre, súper limpia. Si todo está en orden, limpio, así es como estará igualmente tu mente y eso significa que realizarás decisiones más claras y estarás llevando tu negocio de manera óptima. Si tengo mi casa y negocio sucio, se vuelve todo lo contrario.

Recuerda, si estás haciendo algo en un área de tu vida, lo estás haciendo en todas las demás áreas, aún que no lo alcances a entender. Así es como funciona.

La limpieza constante te ayudará a tener una mente más clara y con más espacio para tomar las mejores decisiones para tu negocio. Quieres tener claridad en tu vida, quieres tener un escritorio limpio, quieres limpiar de tu celular todas esas aplicaciones que no te sirven de nada.

Querrás bañarte todos los días, arreglarte, vestirte al 100, de manera que estés lista todos los días para el éxito, aún que trabajes desde tu casa.

Necesitas ser disciplinada. Asegurarte de presentarte a trabajar profesionalmente, tómártelo en serio. Recuerda que el éxito que tengas en tu negocio va a depender de un 20% de tácticas y el 80% tu MINDSET y tus paradigmas, tu manera de ver el mundo.

Asegúrate de limpiar tu mente completamente y limpiar tu vida, eso es lo que va a hacer la diferencia más que cualquier cosa.

El siguiente punto importante es que nos convertirnos en la versión mínima de nuestros estándares, no nuestra mejor versión. La vida se trata más de saber manejar nuestros puntos bajos que manejarnos en nuestros puntos altos. Todos nos la pasamos hablando sobre ver el lado positivo de la vida, de ser feliz, de tener un pensamiento positivo, pero están ignorando completamente el lado obscuro que tenemos. Este lado obscuro es el que todos queremos esconder y lo metemos debajo de la alfombra, o en lo más recóndito de nuestros armarios, no lo queremos ver.

Normalmente los puntos bajos que tenemos son mucho más fuertes que cuando tenemos los puntos altos.

No somos la mejor versión que podemos imaginar de nosotros mismos, somos la versión más baja que podemos aceptar de nosotros. Necesitas entender que los humanos hacemos mucho más para no perder algo que para ganárnoslo. Las personas están más motivadas a no perderlo que a ganarlo y eso viene desde un lugar de miedo.

La motivación que más funciona es aquella en la que motivas a alguien a no perder eso, si los motivas a que van a ganarse algo, un aumento o un incentivo, no van realmente a cambiar, pero si la motivación viene a que van a perder su trabajo, por ejemplo, seguro van a hacer todo lo necesario para no perderlo. La motivación es mucho más poderosa cuando se da para no perder algo que cuando se hace para ganar algo.

Cuando se trata de tus sueños y como lograrlos y realizar tus metas, debes de convertirlos en estándares irrefutables. Así los conviertes en algo muy poderoso.

De lo que se trata es de que puedas enfrentar ese lado obscuro de ti para que puedas hacerlo consciente y transformarlo. Enfrentarlo es dejar de pelear con esas sombras y correr de tus problemas y de tus miedos, quererlos evadir. Enfrentarte a tu lado obscuro es parar y dejar de esconder esos miedos, enfrentar a ese monstruo y verlo a los ojos. En el momento que enfrentas tus miedos, desaparecen, como si fuera magia.

Una vez que los enfrentas, se van, en automático, dejan de existir. Cada vez que enfrento algún miedo es algo así como ¿esto era todo? ¿así de simple? pareciera broma.

Si tienes una vida a nivel personal increíble, adivina qué, eso lo vas a maximizar en tu negocio al 10x.

Algunas personas piensan que existe la suerte, pero son personas que no saben lo que es causa y efecto. Si utilizas al espejo de una manera adecuada, créeme, vas a lograr todo lo que siempre has querido. E igualmente, si no enfrentas la verdad, vas a tener todo aquello que no deseabas, eso es garantizado.

Es solo una decisión. ¿Quieres enfrentar a la verdad y tener una vida increíble, o seguirla tapando? y todo será lo contrario.

Darte cuenta de todo esto es lo que te hará tener la cantidad de dinero que quieras o que hayas deseado.

Todo en la vida está hecho de patrones, aunque a veces pareciera que es un caos al azar fuera de nuestro control, hasta que lo entendemos. Necesitas entender tu termostato mental, apagarlo y encenderlo a voluntad para que puedas entender tus estándares personales, como funcionas. La mejor manera de entenderlo es que tienes y tenemos un pequeño termostato dentro de nosotros. Ese termostato es nuestra mente. No estás consciente de él porque está en tu subconsciente, entonces realmente no puedes saber que está ahí. Cuando empiezas a pensar más en eso, vas a poder identificar cuáles son tus límites.

Y lo que empieza a suceder es que empiezas a sabotearte una vez que llegas a cierto punto, y vas a empezar a patearte una vez que llegas abajo de ese punto. A eso es a lo que le llamamos apagar y prenderlo, son los puntos bajos y los puntos altos en tu vida. Y ahí es cuando nos convertimos en la versión más baja con la que podemos aceptarnos.

Nuestra mente consciente va a soñar con cosas, pero nuestro subconsciente se va a asegurar de que logres el estándar más bajo. Es por eso que vas a querer de ahora en adelante estar pendiente de ti, de tus decisiones y de seguirle la ruta a tus patrones e identificar las altas y las bajas para poder regular tus estándares.

Una vez que estés más consciente de ellos podrás empezar a arreglar tus problemas.

El primer paso es tomar el control de tu vida haciéndote responsable de todo lo que te sucede. Si tienes un problema, tú lo causaste, si estás sufriendo, tú lo generaste. Es muy importante que recuerdes esto.

Si quieres mejorar tu vida y tu situación actual, empieza a mejorar esos picos bajos y altos que tienes. Enfócate en los puntos bajos porque ahí es donde vas a conocerte más y donde más vas a aprender de ti.

POLOS OPUESTOS

Todas las creencias que tienes de las cosas que puedes hacer, las que no puedes hacer, cosas en las que eres muy mala, o en las que eres muy buena. Tus creencias acerca de todo se vuelven tu realidad.

Los polos opuestos son el ejemplo de que, en el mundo, en la naturaleza siempre hay 2 polos. El norte y el sur, el día y la noche, lo positivo y lo negativo. Es así como es todo.

La única manera en la que tu mente puede experimentar algo es teniendo lo contrario. Todo tiene su opuesto. Lo contrario del pasado, el futuro, frío y caliente, felicidad y tristeza, bonito y feo. Este es el dualismo.

La suma de todas las experiencias juntas durante tu vida es lo que se convierte en tu identidad. La manera en cómo has formado tu identidad, como eres ahora, es como ves la realidad, es tu realidad.

Lo trágico en este mundo es que hemos llegado a creer que somos incapaces de cambiar. Hemos llegado a creer que somos determinado tipo de persona, si de chicas nos dijeron que no éramos buenas con las matemáticas, nos pasamos toda la vida diciendo y creyendo que no éramos buenas, que somos tontas o no somos lo suficientemente inteligentes. La realidad es que siempre estamos convirtiéndonos en algo más.

Hemos llegado a pensar que estar felices y sonriendo es la manera correcta de estar, y estar deprimidas, tristes, llorando, está mal.

La causa de la infelicidad en los humanos se encuentra en la brecha que existe entre la situación en la que te encuentras y en como quisieras estar.

Si quieres evolucionar como persona y crecer en una mejor versión de ti en tu vida y tus negocios, debes de considerar el lado obscuro de ti y traerlo a la luz. Si siempre fuiste introvertida, es momento de ser más sociable, si siempre fuiste callada, es momento de hablar. La única manera en la que si te vas a equivocar va a ser si solo escoges un lado.

Puedes ver como tus polos opuestos están en conflicto directo con el sueño que tienes de ti. Las cosas que te disgustan de otras personas y lo que juzgas de ellas son exactamente las mismas cosas que necesitas para lograr tus sueños, es lo que te falta a ti y no precisamente a ellos.

Por más que queramos ocultar algún rasgo de nosotras que no nos gusta, de alguna u otra manera siempre va a salir.

Para poder lograr tus sueños te tienes que convertir en una persona diferente, enfrentar todo aquello que no te gusta de ti, traerlo a la luz y crear nuevos hábitos.

Si realmente quieres lograr tus sueños, tienes que comprometerte contigo. Escríbelo ME COMPROMETO A TRABAJAR POR MIS SUEÑOS Y A ENFRENTAR TODO AQUELLO QUE NO ME GUSTA DE MI.

Los problemas que puedas tener resultan porque te vas mucho de un lado. Ejemplo: si eres demasiado responsable, te puedes volver muy cuadrada y dejar de ser creativa.

Necesitas crear tu propia Alquimia, la cual se define como la transformación de metal en oro. Es la transformación de quién eres ahora y en quien te quieres convertir para poder lograr tus sueños.

¿Por qué tienes que cambiar? El problema más grande de los emprendedores es toparse con una crisis de identidad. El camino para llegar al éxito es trabajar en tener un nuevo carácter porque, así como estás ahora será muy difícil lograr lo que quieres.

¿En quién te tienes que convertir para lograr tus sueños?

Tu mente es la que determina que es lo que quieres lograr en tu vida (tus sueños y metas) y tu mente es la que ordena a tu carácter ejecutar.

Puedes planear de aquí a 5 o 10 años que quieres lograr y le ordenas a tu carácter tomar acción.

Tu carácter no controla tu mente, tu mente si controla tu carácter.

El problema es que la mayoría de las personas dejan que su carácter tome el control. Lo correcto es que tu mente sea la que tome el control.

Un ejemplo es cuando me despierto y quiero quedarme dormida un rato más, me da flojera pensar en ir a hacer ejercicio. Cuando decido levantarme e ir a pesar de mi flojera o de lo incómodo que se pueda sentir, es cuando estoy tomando el control de tu carácter. Mi mente dominando a tu carácter.

Y cuando tomas ese control y empujas sin dejarte llevar por la flojera, o el miedo, o la incomodidad, es cuando realmente tienes el control de ti.

DISEÑA LA VIDA DE TUS SUEÑOS

Ahora es momento de ser extremadamente clara en cuál es tu sueño y que quieres lograr. Si no defines tu sueño, vas a estar viviendo en el sueño de alguien más.

Si vives años, meses, semanas y días sin un intento claro, serás el intento de alguien más. Te conviertes en el plan de alguien más. Es muy importante tener un plan bien claro y un propósito todos los días para que tú puedas estar en control de tu vida.

Los pasos para crear el compromiso de lograr tu sueño son los siguientes:

1.-Sueña

2.-Define

3.-Declara

4.-Decide

5.-Toma acción todos los días

6.-Entrega

Haz tu plan a 10 años, a 5 años, a 3 años y a 1 año.

Hazte las siguientes preguntas:

¿Qué es lo que realmente quiero?

¿Dónde quiero vivir?

¿Cuánto quiero ganar?

¿Cómo se ve mi negocio?

¿Cómo se ven mis días?

¿Cómo paso el tiempo?

Sueña y piensa. Después defínelo. Vas a querer ponerle más detalles. ¿Qué color de coche? ¿Dónde quieres la casa? Querrás ver exactamente qué casa (busca fotos en Internet), tu oficina, que colores, detállalo bien.

Decláralo. Es cuando se lo dices a otras personas y se vuelve más real e importante. Es más probable que se vuelva realidad cuando se lo cuentas a tu esposo, familia, mamá, papá, etc.

Decídelo. Decide como es que vas a hacer que suceda. Diséñalo, cómo se verá tu negocio. Cuál es el nombre, que nicho, que servicios vendes, cual es el precio, qué procesos, realmente querrás empezar a diseñar y poner los mayores detalles posibles para que comience a ser real.

Después, toma acción todos los días. Planea tu primer año. Donde quieres estar en los próximos 12 meses. ¿Qué tengo que hacer cada mes para lograr mi sueño?.
Luego el primer mes, luego los siguientes 30 días, cada semana. Después tienes que ver que debes de hacer todos los días, planear que vas a hacer mañana.

La fase final es entregar y es cuando te sientas en tu escritorio y sabes exactamente lo que tienes que hacer y ejecutar para hacer que tus sueños se conviertan en realidad.

Son las etapas que existen y el proceso para lograr tus sueños.

Cada día tendrás nuevas ideas, e irás construyendo una imagen de exactamente lo que quieres lograr. Y es increíble que una vez que lo tienes súper claro en tu cabeza, el Universo empieza a conspirar contigo para crearlo. Cada vez que tengo algo muy claro en mi mente, lo veo y se cumple.

La vida de tus sueños es exactamente lo que quieres en tu vida, todo aquello con lo que sueñas.

4 POR QUÉ ES QUE NOS CONFLICTUAMOS Y NO SOMOS FELICES?

En este capítulo todo lo que vas a aprender tiene que ver nuevamente con tu mindset y la manera en como ves al mundo.

Una vez que lo entiendas, vas a poder ser capaz de hacer grandes transformaciones en ti, en tu vida, en tus finanzas y en todas las áreas que quieras.

LA DUALIDAD

Lo primero es que puedas entender sobre la dualidad que tenemos como humanos y cómo es que nos conflictúa. Vas a poder entender porque es que tenemos pensamientos que vienen y van al parecer sin ninguna razón y cómo es que esos pensamientos afectan o te ayudan en tu vida. Podrás entender por qué te asustan algunas cosas y otras se te hacen muy fáciles de hacer. Porqué es que algunas cosas te emocionan mucho y otras te drenan energía.

Entonces vamos a comenzar. Todo en el Universo cuenta con dos polos opuestos, el norte y el sur. Todo en el mundo tiene su lado opuesto. El día y la noche, la luz y la obscuridad, caliente y frío.

Somos la suma de toda nuestra programación mental. Y es así como vamos creando nuestra identidad. Te voy a hacer las siguientes preguntas ¿cómo crees que te convertiste en esa persona que eres actualmente?, ¿cómo es que creaste tu propia identidad y cómo es que puedes cambiar y construir una mejor versión de ti?.

Me imagino que te ha pasado muchas veces que quieres hacer algo, pero tienes un conflicto interno. Una parte de ti te dice que lo hagas y la otra parte de ti te dice que no deberías hacerlo e internamente te conflictúas.

También has visto o conoces a personas que quieren hacer las cosas de diferente manera y nadie está de acuerdo con ellas. Así es como se crean los conflictos en la sociedad, entre clases sociales, entre los ricos y los pobres, entre naciones, entre religiones.

Entonces ¿Qué es la dualidad humana? La dualidad humana es la manera en la que nuestra mente entiende las cosas. Lo importante es que puedas entender que tu cerebro solo entiende las cosas si las compara con algo más. Si no hubiera obscuridad nunca sabrías que es la luz. Así de fácil.

Creo que es algo tan natural que ni siquiera nos ponemos a observar. Si siempre fuera de día, no sabríamos lo que es la noche.
A estos opuestos les llamamos dualidad. Ahora lo que vamos a ver es cómo es que nuestra mente trabaja y como tomamos nuestras decisiones.

Te voy a hacer las siguientes preguntas y contesta lo primero que se te viene a la mente:

¿Qué es lo que usas para ver?
¿Qué es lo que usas para oír?
¿Qué es lo que usas para tocar?
¿Qué es lo que usas para oler?

Si tu respuesta fue ojos, oídos, manos y nariz es INCORRECTO.

Esto es lo que la mayoría de las personas no entendemos, que no es con nuestro cuerpo con lo que hacemos esto. Nuestro cuerpo toma la información y la procesa en nuestro cerebro. Cuando ya está procesada en nuestro cerebro, es cuando formamos una percepción.

Esta percepción es como experimentamos las cosas. Es lo que vemos, escuchamos, olemos, tocamos. Todo esto lo estamos experimentando realmente en nuestra mente. El cuerpo es un instrumento para llevar todas estas sensaciones a nuestra mente.

Todo lo que experimentamos en el mundo es la percepción de la información y esa percepción se va al cerebro y proviene de dos lugares:

1.-Del ambiente en el que estás o,
2.-De tu memoria

Oler, ver, tocar, saborear son percepciones que tenemos del ambiente. Y la memoria es cuando recordamos algo del pasado.

La mente no sabe la diferencia entre lo que pasa en la vida real y lo que sucede en nuestra imaginación. Pensamos que nuestro cerebro solo entiende lo que sucede en la vida real, pero eso no es cierto.

También podemos alimentar a nuestra mente con nuestra memoria y con nuestra imaginación. Si recreamos una memoria del pasado, el cerebro la va tomar como si hubiera sucedido en la vida real.

Podemos también alimentar nuestros pensamientos de situaciones del pasado, de pensamientos futuros o de pensamientos que estamos teniendo en este momento. Lo que no entendemos es que el cerebro toma toda la información de la misma manera. Realmente no ve diferencia entre pasado, presente o futuro.

Te voy a dar un ejemplo de que esto es así. ¿Alguna vez te has acordado de una memoria que te resulta dolorosa y has sentido las mismas sensaciones y emociones que como cuando te sucedió eso? Ahora, piensa en algo del pasado que fue muy vergonzoso para ti y recréalo en tu mente.

Lo que aquí empieza a suceder es que empiezas a sentir las emociones. Te empieza a dar vergüenza y te sientes ansiosa. Te puedes poner hasta roja o sentirte mal y super preocupada. Lo que es increíble es que cuando recreas esa memoria del pasado, tu cuerpo experimenta exactamente las mismas emociones y sentimientos como si estuvieran sucediendo nuevamente en ese momento.
Esta es la evidencia de cómo tu mente sabe diferenciar. Si tu cerebro sí pudiera diferenciar si es algo que sucedió o que te está sucediendo en este momento, no dejaría que tu cuerpo tuviera nuevamente esas emociones. Al recrear nuevamente la memoria dolorosa o vergonzosa en tu mente, no deberías de estar sintiendo ninguna emoción, lo cual no es así porque siempre que recreas algo emocionante en tu mente vuelves a sentir las mismas emociones.

Piensa en tu mente como si fuera una báscula antigua con dos lados, uno es el lado positivo de las cosas y el otro lado es el lado negativo.

Tu mente es como un sistema que está programado y se prende o se apaga dependiendo del ambiente, tus memorias o tu imaginación. Y así como percibes la información y la transformas en pensamientos positivos o negativos así es como se van a convertir en tus creencias. Por eso es tan importante que construyas hábitos de tener pensamientos positivos porque en eso que pienses es en lo que te vas a convertir.

Casi nadie entendemos esto. Si de niña te dijo tu maestra que tú no eras buena para los números, te la creíste y lo recreaste en tu mente una y otra vez. No soy buena en los números, entonces esa creencia se convirtió en tu realidad y seguiste mala en las matemáticas. De la manera en que tu muevas la balanza de tu mente con tus pensamientos, eso es lo que se va a convertir en tu realidad.

Algunos les gustarán mucho Obama y odiarán a Trump. Dependiendo de que sea en lo que tú crees, de esa manera es hacia donde se irá la balanza en tu mente. Así es como trabaja nuestra mente.

Era importante que vieras los polos opuestos y como esto se repite en todo el Universo. Es la dualidad. Los polos positivos y negativos. Es la única manera en cómo nuestra mente puede entender algo.

De todo lo que tenemos en nuestra vida, siempre tenemos el lado opuesto. Piensa en cualquier cosa y trata de pensar en su lado opuesto. Como humanos tenemos que ser capaces de poder comparar las cosas con algo más.

Ahora, hablando de ti como persona. Te voy a hacer esta pregunta ¿quién eres? Es una gran pregunta que estamos todos en esa búsqueda de tratar de responder. ¿Quiénes somos? Y la respuesta a esto es muy sencilla. Creemos que somos cierta persona, con cierta identidad y es todo. Así es como somos y ya. Vamos por la vida preguntándonos ¿quién soy? O más bien ¿quién no soy?.

Vamos por la vida teniendo distintas experiencias, hay cosas a las que nos sentimos más atraídas y hay otras cosas que de plano rechazamos. El problema es que al rechazarlas lo que estamos diciendo es que no eres eso y que lo correcto es solo lo que sí eres. Si eres algo, entonces estás en contra de lo que no eres. Así es como funciona. Entonces es como movemos nuestra balanza solo hacia un lado o totalmente hacia el otro lado y es así como formamos nuestras creencias acerca de lo que somos.

En tu vida cada experiencia que has tenido, cada vez que tienes un pensamiento del pasado, cada vez que tienes un pensamiento hacia el futuro, literalmente cada pensamiento que tienes es hacia donde estas moviendo tu balanza. No puedes tener un pensamiento y que este no tenga un efecto en mover la balanza de tu mente, así es como funciona.

Y la suma de cada pensamiento durante tu vida es lo que forma tu identidad. Así es como te conviertes en la persona que crees que eres. La persona que crees que eres actualmente es la suma de cada pensamiento que has ido generando en tu mente, esa es tu identidad y tus creencias se han convertido en tu realidad. La manera en cómo has formado tu identidad, quien eres actualmente, es la manera en cómo estás experimentando la realidad. Es tú realidad.

Lo triste es que hemos llegado a creer que somos de cierta manera y que no somos capaces de cambiar. Que si somos de cierta manera es por nuestro bien y nuestro carácter se ha vuelto tan fuerte que nos es muy difícil pensar que podríamos ser de otra manera.

Si decimos que no somos buenas en las matemáticas, desde ese momento ya no podemos hacer nada para mejorar. Si piensas que no puedes vender, ahí con ese pensamiento ya te estás limitando a que no vas a vender, tú misma te estás cerrando la puerta con ese pensamiento.

El objetivo principal de este libro es ayudarte a que te conviertas en lo que tú quieras y mejorar. La manera en cómo te defines actualmente es el resultado de los pensamientos que has tenido una y otra vez durante tu vida, es tu identidad.

Ahora quiero hablarte un poco de los conflictos que enfrentamos en nuestra sociedad porque nos vamos o hacia el lado "correcto" o hacia el lado "incorrecto". Así como tú has definido tu identidad, como sociedad también se ha definido una identidad de manera colectiva.

La sociedad es un grupo de individuos. Esos individuos tienen definido quienes son y quienes no son. Además, la sociedad ha definido que es lo "correcto" y que es lo "incorrecto".

De manera colectiva, la sociedad ha hecho la balanza hacia un lado o hacia el otro. Así como tú te has formado tus creencias a través de tus pensamientos y experiencias pasadas, la sociedad también ha formado su propia identidad.

Y así, aquello en lo que creemos se convierte en nuestra realidad como personas, y también como sociedad. Las creencias de la sociedad se convierten en la realidad de ella. La sociedad se ha definido muy bien, pero en realidad debería de enfocarse en que se va a convertir.

Y aquí viene una pregunta muy importante que nos hacemos como sociedad y como individuos. ¿Cuál es la manera correcta o incorrecta de vivir? Porque todos buscamos la manera correcta de vivir, no queremos estar mal.

Te pongo un ejemplo de cómo la sociedad separa el bien y el mal. Imagínate un hombre de negocios millonario ¿qué es lo primero que piensas? ¿Te vienen pensamientos positivos? Normalmente nos hacemos un estereotipo de él, que seguramente heredó el dinero que tiene, o que algún negocio turbio hizo que lo llevó a ser tan rico, que es un avaricioso, o a lo mejor un workaholic. En cambio, ¿Qué piensas de un maestro de yoga? Que ¿acaso los maestros de yoga no podrían ser también millonarios? Y los hombres de negocios ¿no podrían practicar meditación? Así es como nuestra sociedad genera conflicto y estereotipa. Ninguna de estas dos personas está mal o bien.

Siempre pensamos que debemos de escoger un lado. Así es como la sociedad nos divide y nosotras mismas nos dividimos. Si somos latinas a las gringas las vemos diferentes, o si somos católicas, las musulmanas están mal. Siempre nos tenemos que ir hacia un lado y solamente ese lado que escogemos es el correcto para nosotras. O estamos a favor de algo o en contra. Escoges a Trump o a Obama.

Si duermes en el día y trabajas en la noche eso no es correcto. Así es como la sociedad nos ha programado, un lado es el correcto y el otro el incorrecto.

Este es el problema que tenemos como sociedad y nuestro paradigma. Deseas ser mejor, convertirte en tu mejor versión, pero tienes mucho conflicto interno, el lado interno que te dice que estas en lo correcto y el otro que te dice que estás en lo incorrecto. Estos dos seres están en una guerra interna constante. El ser que te dice sí hazlo y el que te dice que no lo hagas. La persona que eres ahora está peleándose con la persona en la que te quieres convertir. Esta es la causa de que no estamos felices, de porque estamos estresadas, con miedo, insatisfechas. Y en la sociedad esto sucede también, al igual que de manera individual. Cuando la sociedad tiene su identidad muy fuerte, si algo no es como ella, entonces lo convierte en su enemigo.

Es por eso que la dualidad en la humanidad es la causa de todos los conflictos que enfrentamos como sociedad y como individuos.

Para que puedas construir una mejor versión de ti y crecer tienes que evolucionar. Y la evolución es sencilla. Te pongo un ejemplo, suponiendo que tu situación actual es que estás estancada, decidiste invertir en ti y en herramientas para aprender a mejorar, eso que estás aprendiendo te va a dar un resultado y ese resultado va a ser una mejor versión de ti. Ese es el proceso de evolucionar y transformarte, simple y sencillo.

Es importante que entiendas que no existe lo correcto o incorrecto. Es simplemente como nos hemos programado y como hemos creado estos polos opuestos. Y que todos los conflictos que tenemos vienen de una resistencia al cambio. No nos gusta salirnos de nuestra zona de confort porque se siente incómodo.

Si quieres crecer como persona y construir una mejor versión de ti, de tu vida y tu negocio, tienes que enfrentar todo aquello que no te gusta de ti. Identificar tu lado obscuro y traerlo a la luz. Si eres penosa, es momento de dejar de ser penosa y empezar a ser más sociable, si eres muy sociable es momento de pasar más tiempo sola, si siempre sales increíblemente arreglada, es tiempo de no maquillarte, si nunca pruebas comida diferente, es tiempo de que empieces a probar comida hindú o coreana, o lo que sea. El punto aquí es que tienes toda tu vida solo yéndote hacia un lado, es momento de irte hacia el otro lado también y que experimentes que se siente estar de los dos lados para que puedas crecer. La única manera de que crezcas es que dejes de irte solo hacia un lado de la balanza.

No se trata de quién eres actualmente, sino en quien te quieres convertir. Cuando identificas tus polos opuestos vas a darte cuenta de que es lo que te hace falta para lograr tus metas. Si eres muy desorganizada, entonces es momento de empezar a ser organizada, si eres distraída, es momento de enfocarte, si eres floja es momento de activarte, y así sucesivamente.

Estás en el proceso de convertirte en la persona que quieres ser.

Te reto a que hagas el siguiente ejercicio que es muy divertido. En esta semana que estás leyendo el libro haz algo que normalmente no harías. Si por ejemplo solo escuchas reggaetón, esta semana escucha música clásica. Si siempre te cortas el pelo de la misma manera, ahora cambia tu look. Si siempre comes lo mismo para desayunar, esta semana prueba algo diferente. Necesitas empezar a cambiar, y a balancear tu vida.

VER POR PRIMERA VEZ

Después de lo que has estado aprendiendo, me imagino que has empezado a notar patrones, cosas que haces con regularidad. Y también has notado que tienes altas y bajas.

Tenemos cosas que vamos construyendo en nuestras vidas, nos sentimos confiadas y felices y de repente hacemos cosas para sabotearnos y destruimos eso que estábamos construyendo. Es como si tuviéramos este termostato interno que se prende y se apaga.

La mayoría pensamos que somos de cierta manera y que ya no podemos cambiar. Deseamos que las cosas estén mejor, una mejor vida, hacer más dinero, crecer o empezar nuestro negocio, tener más clientes.

Si vemos la pirámide de Maslow:

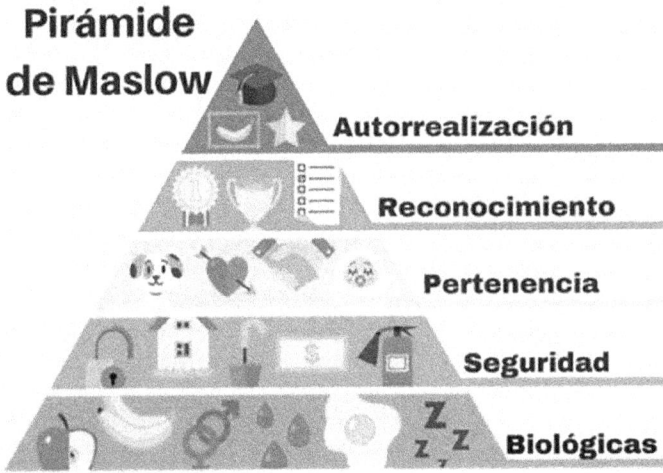

Lo primero que buscamos tener son nuestras necesidades básicas como descanso, agua, comida, casa. Después seguridad, relaciones, amigos, necesidades de autoestima, desarrollo de potencial y por último trascender y darte cuenta de tu potencia.

Cuando empiezas a trascender es cuando realmente empiezan a pasar cosas increíbles en tu vida. Es cuando empiezas a hacer $20,000, $50,000, $10,000, $1,000,000 y así lo que tu decidas lograr.

Lo primero que tienes que entender es que tú eres la única responsable de tu vida. Así como está tu vida actualmente, tú eres la única responsable de eso.

Recuerda las leyes de causa y efecto. A cada acción hay una reacción igual o mayor. Si voy a la playa y me asoleo, lo que va a suceder es que voy a quedar quemada por el sol. Es el resultado de una acción. Así es como se forman los ciclos de retroalimentación. Lo que sucede con estos ciclos es que cada acción que tu realizas hace más fuerte o debilita el proceso que estas desarrollando.

Te voy a poner un ejemplo. Si ahorita te digo que no pienses en un pastel de chocolate, que no se te venga a la mente un delicioso pastel de chocolate, no pienses en eso. Ahora, ¿en qué estás pensando en este momento? Seguramente estás imaginándote ese pastel de chocolate, ¿no es así?.

Así es como trabaja nuestra mente. Lo que sea que estés pensando es en lo que terminas pensando, y es lo que piensas de eso es lo que terminas pensando acerca de eso. Se vuelve un espiral de pensamientos en nuestra mente.
Un simple pensamiento se puede convertir en un espiral que lo convertimos en algo en lo que creemos y termina por convertirse en nuestra realidad. Esto aplica para pensamientos positivos y para pensamientos negativos. Cuando los pensamientos son positivos, te vuelves tanto física como mentalmente invencible más rápido.

Puedes pensar "soy buena aprendiendo" "soy muy buena aprendiendo" "soy buenísima aprendiendo". Este ciclo o espiral de retroalimentación se puede volver tan fuerte que sea cual sea el pensamiento que trabajaste, tu mente lo empieza a creer y al punto que se convierte en una realidad. ¿De dónde crees que viene el dicho "fake it until make it"?.

Es por eso la importancia de cómo enfocas tus pensamientos. Y ¿qué tanto crees que estás en control de lo que piensas? ¿De dónde crees que vienen tus pensamientos? Tenemos miles de pensamientos que nos llegan al azar de la nada. ¿De dónde provienen?.

"The old way" de ver al mundo es que nos vemos totalmente separadas de los eventos, de las cosas que suceden a nuestro alrededor. Si por ejemplo algo está sucediendo en las noticias, nosotros no estamos participando en ese evento y estamos completamente separadas de eso. Y entonces, ¿cómo es que podríamos explicar que todo está interconectado? Si "the old way" nos dice que estamos separados de los objetos, ¿cómo es que nuestro comportamiento y las decisiones que tomamos afectan a nuestro negocio, a nuestra cuenta de banco? Si fuera cierto que estamos separados de todo entonces nada de esto podría suceder, no podríamos afectar de ninguna manera ni positiva ni negativamente nuestras vidas, todo quedaría al azar.

¿Recuerdas acción y reacción? Si decides ir a tomar, seguramente mañana no te vas a sentir bien. Si decides pararte a hacer ejercicio seguramente te vas a sentir muy bien. Acción-reacción. Y ¿recuerdas el efecto espejo? Que lo que sucede es que cuando juzgas a los demás es un reflejo de tus propias inseguridades. Lo que juzgas en otros es de lo que tú te sientes insegura acerca de ti misma.

Ahora, "The new age way" de ver al mundo se trata de poder ver como todo lo que hacemos está relacionado con los resultados que tenemos. Las personas no tenemos problemas en nuestros negocios, lo que sí es que estamos teniendo problemas personales que se reflejan en nuestros negocios.

Si decides estar más consciente de los pensamientos que quieres tener, y estos pensamientos son positivos, comenzarás a controlarlos. Comienza a vivir en el presente y pon atención en los ciclos de retroalimentación.

Estos ciclos los puedes observar en todos lados.

Si tu realidad actual no es la mejor, seguirás en esa situación al menos que cambies tus pensamientos y creencias al respecto. No va a venir alguien de la nada y regalarte un millón de dólares o no vas a ganar la lotería algún día. Las probabilidades de que eso suceda son casi nulas.

Lo que si puedes hacer que suceda es cambiar tus pensamientos. Y no se trata solo de imaginarte aquello que quieres, porque puedes pasarte la vida construyendo fantasías e imaginándote cosas increíbles, pero si no cambias tus pensamientos y tomas acción con estos nuevos pensamientos y forma de pensar va a ser imposible que hagas realidad lo que quieres.

En el momento que empiezas a pensar diferente y tomas acción de manera masiva, es cuando vas a empezar a experimentar tu nueva realidad. Crear nuevos pensamientos y acción de manera masiva es lo que te traerá los resultados que buscas. Y esto todavía no es suficiente, seguirás necesitando los ciclos de retroalimentación.

Al tener estos ciclos de retroalimentación, vas a poder reajustar cuando sea necesario. Te voy a dar un ejemplo. Desarrollo un nuevo producto en mi negocio y tengo planeado vender $100,000 dólares con él en un mes. Lo saco al mercado y si no está funcionando como yo pensé, tendré que tomar la retroalimentación del mercado, analizar porqué es que no se está vendiendo, qué opinan los clientes, y con esa retroalimentación poder reajustar mi producto para volverlo a lanzar al mercado y ver si esta vez funcionará mejor. Y así, sucesivamente, el proceso siempre será de ir mejorando aun que el producto sea un éxito, siempre habrá maneras de mejorarlo.

Tendrás que aprender a ver que si funciona y que no. Lo que no funcione, cambiarlo y mejorarlo. Aquí es donde se crea el círculo virtuoso y cada vez se alimenta y se hace más fuerte el proceso de manera positiva.

Las personas no estamos acostumbradas a hacer muchos ajustes. Tratamos con algo una vez y si vemos que no funciona nos damos por vencidas. Y lo que hacemos es que abandonamos el proceso. Es por eso la importancia de escuchar la retroalimentación, ajustar y volver a tomar acción, una y otra vez.

Antes de que te des cuenta, estarás creando un crecimiento exponencial.

El proceso es así:

1.-Cambia tus pensamientos

2.-Toma acción

3.-Escucha el feedback o retroalimentación

4.-Haz ajustes

5.-Mejora

Aquí es donde se da la brecha más grande entre los ricos y los pobres. Si no sabemos identificar estos ciclos de retroalimentación, no podremos hacer ajustes, por lo tanto, no podremos mejorar nuestros productos, servicios o a nivel personal nuestros comportamientos y hábitos.

Tendrás que estar dispuesta a verlo en tu visión. Estar hambrienta por lograr eso que quieres y tomar acción que vaya alineada a esa visión. Después cuando tienes retroalimentación ajustas y modificas para mejorar lo que estás haciendo, una y otra vez. Así es como vas a lograr lo que quieres. Así es como vas a poder cambiar. Yo no soy la misma persona que empezó con su primer negocio hace 18 años, me he trasformado una y otra vez, he tomado el feedback y he hecho modificaciones una y otra vez tanto en mis negocios como en mi vida personal para poder lograr las metas que me he propuesto.

Este capítulo es muy importante ya que te enseña a ver porque eres como eres y porqué es que algunas personas tienen éxito y otras fracasan.

Es importante que comprendas que siempre estamos moviéndonos como personas, hacia delante o hacia atrás. Nunca estamos estáticas, la pregunta sería en ¿quién te quieres convertir? Es tu proceso de evolución, lo que tú eres, tu realidad. Se les olvida a las personas como es que funciona este proceso y dejan su destino a las circunstancias. Recuerda que tú estás en control de crear lo que quieres.

ALQUIMIA DE TI

En los capítulos anteriores vimos una nueva manera de ver al mundo y espero que empieces a notarte diferente en tus comportamientos, a lo mejor hay cosas que te empiezan a hacer click en tus pensamientos o te has empezado a cuestionar más. Y algo importante, es que ya empiezas a entender los cambios que necesitas hacer en ti para poder lograr lo que quieres.

La Alquimia de ti, de lo que se trata es que empieces a tomar acción. Que empieces con el proceso y empieces a trabajar en ti para que puedas ver esa transformación de ti, de tus pensamientos y del éxito que quieres lograr.

La primer parte es definir que es la alquimia de ti y porque es importante. Es muy sencillo, tienes tu situación actual, y tienes sueños que quieres cumplir, todo lo que quieres lograr. Ahí es donde va a empezar a haber un conflicto entre estas dos situaciones porque la persona que eres actualmente probablemente no es capaz de lograr los sueños que tiene.

Después vamos a hablar de cómo puedes llegar a trascender y poder manejar tu carácter a como tú quieras. Vamos a hablar de cómo vas a definir quién eres en este momento y de cómo te cuentas y te crees historias del pasado. Vas a definir la vida de tus sueños.

Vas realmente a planear, diseñar y definir una claridad en la vida soñada que quieres tener. Esto es muy importante que lo realices, porque si no tienes un plan de tu vida, si no tienes esa imagen en tu mente de que es lo que quieres, ¿Como es que esperas que lo vas a lograr? Recuerdas que eso lo vimos en el segundo capítulo, definiste que era lo que querías lograr.

Después de esto, vas a poder revisar cual es el carácter que necesitas construir para lograr tus sueños.

Lo que vas a hacer aquí, es reescribir tu historia. De manera que te empoderes. Vas a poder planear tu historia y cómo es que la vas a desarrollar. Vas a escribir los próximos capítulos de tu vida de manera que sean como una profecía cumplida.

Cuando planeas y escribes capítulos de cómo te ves en el futuro, lo que estás haciendo es influenciar como se desarrollará tu vida.

Al escribir tu futuro, estarás fuertemente influenciando lo que te va a suceder. Se va a escuchar raro, pero prácticamente le estarás jugando una broma al juego de la vida.

Así que es momento de que tomes papel y lápiz y empieces a tomar acción.

Entonces, ¿qué es la alquimia de ti y porqué es importante? La alquimia es definida como la trasformación del metal en oro. Dicen en los viejos libros que los alquimistas fueron personas que trataban distintas bases de metales y los trasformaban en oro.

Es prácticamente transformar algo que no vale tanto en algo que vale una fortuna. La alquimia de ti es la transformación de la persona que eres actualmente en la persona que te quieres convertir sin que te cueste mayor trabajo para poder lograr tus sueños.

Y, ¿Por qué crees que necesitas cambiar? Algo que he visto durante mi proceso como empresaria es que el más grande problema que tenemos cuando emprendemos es que nos enfrentamos a una crisis de identidad. Cuando comencé mi primer negocio, no sabía ni tenía idea de lo que estaba haciendo, de hecho, ni dinero tenía para emprender, tuve que pedir prestado, no era disciplinada, no tomaba en cuenta el feedback que me daban mis clientes, cometía errores, pero no sabía por qué. Todos los días era una lucha conmigo misma entre la persona que era en ese momento y la persona en la que me quería convertir.

Una crisis de identidad nos sucede cuando estamos batallando entre la persona que somos y la persona en la que nos queremos convertir para lograr nuestros sueños. Creo que en realidad este es el problema más grande al que nos enfrentamos las emprendedoras.

Muchas personas piensan que son de cierta manera y que no pueden cambiar. Y eso como ya vimos no es cierto. La brecha entre la persona que eres y la persona en la que necesitas convertirte para lograr tus sueños es realmente la causa de todos nuestros miedos y la causa de los mayores problemas que enfrentamos cuando emprendemos.

Si es importante que tengas conocimientos y desarrolles habilidades en tu negocio, pero el 80% del éxito que tengas dependerá de crear una nueva mentalidad preparada para eso que quieres lograr. Solo el 20% de tu éxito tiene que ver con tus habilidades y tus conocimientos.

A lo mejor piensas que no tienes lo que se requiere para lograr tus sueños, pero eso es solo un cuento que te cuentas. Porque en realidad puedes trascender en la persona que desees ser una y otra vez.

Ahora es momento de hablar de cómo puedes trascender tu misma en la persona que buscas ser y como puedes hacer que tu carácter haga lo que tu deseas y no al revés. Esto es algo muy poderoso y es muy importante que lo entiendas, va a ser una nueva manera de pensar acerca de ti.

¿Te ha pasado que cuando te sientes estancada, sientes muchas emociones y sientes que esa eres tú? ¿Todas esas sensaciones eres tú? Es muy normal que así te sientas. Y aquí viene un truco que es muy importante que lo practiques cada vez que te sientas así. Se trata de que cuando te sientas estancada, o super negativa sin ganas de nada, te veas como si estuvieras en una película y que tú eres el personaje principal. Y te hagas preguntas como ¿qué haría Paloma en esta situación? ¿Cómo podría Paloma sentirse mejor? Este ejercicio se trata de que puedas separarte en dos. En lugar de ser solo un yo, tu carácter, poderte separar y ver cómo es que tú puedes mover los hilos de ese carácter, como si fuera una marioneta. Verte a ti misma como en tercera persona te podrá permitir controlar las acciones, pensamientos y todo lo que tú quieras controlar. Es como yo misma veo a Paloma y como quiero que Paloma piense o haga lo que yo quiero que haga.

Porque si te quedas siempre dentro de ti misma, es muy probable que te llenes de emociones y sientas esta fuerte sensación de que todas esas emociones eres tú. Cuando te sales de tu mente y te ves como un personaje es cuando puedes mover los hilos de ese carácter y cambiar lo que necesites cambiar en ese momento para salir de la situación negativa en la que te puedas encontrar.

Piénsalo así. Tu carácter es la marioneta que sigue las órdenes de tu mente. Tu carácter es como un esclavo, y tú puedes hacer que haga lo que tú quieras. Tu mente es la que determina lo que quieres lograr en la vida y define tus sueños y metas. Y la mente es la que dicta las órdenes al carácter para que este las ejecute. Recuerda bien esto, tu carácter no controla a tu mente. Tu mente es la que controla a tu carácter. Esta manera de pensar es totalmente diferente a lo que estás acostumbrada.

El problema es que la mayoría de las personas dejan que el carácter controle al master que es tu mente. La mayoría de las personas han construido un carácter tan fuerte que llegan a creer que solo eso es lo que hay. Entonces es cuando el carácter toma el control de todo, y es cuando el carácter controla a tu mente.

Te voy a dar un ejemplo de cómo el carácter busca controlar a mi mente. Todas las mañanas suena mi despertador a las 6 30 de la mañana. Mi rutina al empezar el día es despedir a mis hijas e irme al gimnasio, pero el 80% de las veces que suena el despertador me quiero volver a dormir un rato más, hay un pensamiento siempre de no querer pararme de la cama porque se siente tan cómoda y calientita que preferiría seguir acostada. Si yo le hicera caso al carácter, no me paro y no voy al gimnasio, ahí estaría dejando que mi carácter controle a mi mente porque se siente más rico quedarse acostada. Sin embargo, todos los días me levanto y ya sé que algún pensamiento va a tener mi mente acerca de quedarme más tiempo en la cama, pero no le hago caso y me paro para irme al gimnasio.

Nuestro carácter siempre va a estar en busca de que nuestro cuerpo se sienta cómodo, pero si le hacemos caso vamos a fracasar en lograr nuestras metas.

Sea lo que sea que quieras lograr, puedes hacer que tu carácter haga lo que tú quieras que haga, es luchar todos los días para dominarlo y que tu mente tome el control de él.

El primer paso para que puedas trascender y transformarte es precisamente tomar el control de tu carácter. Y para eso primero necesitas ser súper honesta en definirte quién eres actualmente para que puedas conocer más profundamente tu carácter.

¿Cómo es que te describes actualmente en tres enunciados o menos? Sé que a lo mejor te vas a sentir un poco rara haciendo estos ejercicios, pero de verdad tienes que hacerlo. Descríbete a ti misma como eres actualmente y se muy honesta con cómo te describes. Entre más honesta seas acerca de tu situación actual te será más fácil que la cambies.

Así es como empieza el proceso de convertirte en quien te quieras convertir.

Lo siguiente es ¿dónde vives actualmente? ¿cuánto dinero estás haciendo, y ¿cuánto dinero tienes? ¿cómo es el lugar dónde vives? ¿te gusta? ¿es pequeño? ¿no te gusta? ¿cuánto dinero haces por año? ¿cuánto dinero has ahorrado? ¿cuánto debes? Se súper clara con toda la información que pongas, esto solo es para ti, así que no dudes es ser 100% honesta.

¿Cómo es que te presentas a ti misma? ¿Cómo es que te ves? ¿Qué tipo de ropa usas todos los días? ¿Cuál es el típico outfit que terminas usando siempre? ¿Qué tipo de estilo usas siempre?.

¿Cómo tienes tu pelo, qué color, corte? Descríbete como eres y como luces actualmente. De verdad estos ejercicios son muy poderosos ya que no podrás entenderte, ni entender cuáles son tus problemas, tus fortalezas y tus debilidades si no realizas estos ejercicios. Necesitamos que tengas una visión más precisa de lo que es tu carácter.

¿Cuáles son tus hábitos positivos? ¿Qué cosas haces de manera repetitiva? Haz una lista de todas.

¿Cuáles son tus malos hábitos? ¿Qué cosas terminas haciendo que no te gustan? ¿Haces cosas como salir todos los fines de semana de fiesta y al otro día sentirte super mal?.

Ahora, ¿cuáles son tus talentos? Existe un test de talentos que te puedo recomendar que hagas si me mandas un correo. Además, mi programa de Coaching Bossladies incluye todo este tema de tus talentos y poderes naturales. Haz una lista de 5 cosas en las que eres buena. Le puedes preguntar a alguien más en qué eres buena también. ¿Cuáles son tus debilidades? Haz una lista de 5. ¿Cuáles son las cosas en las que las demás personas no podrían contar contigo?.

¿Qué pensamientos negativos te vienen a la cabeza todos los días? Haz una lista de ellos. Necesitas empezar a hacerte consciente de todas estas cosas. ¿Qué cosas te vienen a la cabeza que te hacen sentirte mal o triste? Escríbelas todas.

¿Cómo fue tu infancia? Descríbela a detalle. Esto es muy importante de hacer porque lo que las personas no entendemos es que nuestra etapa adulta la basamos principalmente en nuestra etapa de nuestra niñez. Así que sea lo que sea que no tuviste o no experimentaste al 100 de niña probablemente sean las cosas que vas a querer tener o experimentar de adulta. Muchos de nosotros no entendemos que así es como funciona nuestra vida. Lo que no tuviste de niña lo vas a desear de adulta.

¿Qué eventos pasados te preocupan o recreas constantemente en tu mente? Recuerdo tener miles de estos. Yo fui una niña super nerviosa, recuerdo que desde kínder me dolía el estómago cuando iba a tener un examen. Desarrollé un comportamiento que según yo todo lo tenía bajo control para no sentirme ansiosa o nerviosa (lo cual no era cierto porque me seguía sintiendo más y más nerviosa). Te puedo decir que con las herramientas que tengo hoy la persona super nerviosa que era antes solo queda un 20% de ella. Sí es importante que veas todos esos comportamientos que tenías desde niña y que seguramente los sigues teniendo.

¿Hay cosas del futuro que cuando piensas en ellas te preocupan mucho?. Como, por ejemplo, no voy a tener dinero suficiente, o si sucede esto me voy a sentir muy mal. ¿Qué es lo que te preocupa del futuro? Escríbelo.

Ahora, ¿qué cosas son las que te bloquean de hacer lo que quieres día con día? Si llegas a tu negocio y sabes que hay ciertas cosas que se necesitan hacer y no las haces, ¿qué es lo que te está distrayendo de hacerlas?.

¿Con quién es que estás enojada? ¿A qué personas o cosas culpas?.

¿Qué cosas amas hacer y podrías hacer felizmente todos los días?.

¿Qué cosas odias hacer y nunca querrías volver a hacer?.

¿Cómo es que se ve tu día común? Descríbelo a detalle. Estamos hablando de tu día promedio. ¿Qué es lo que haces desde que te levantas hasta que te acuestas? Descríbelo.

¿Cuáles son tus rasgos característicos, como es tu carácter? Un ejemplo es que puedes decir soy enfocada, o distraída, o desorganizada, o disciplinada. Recuerda que no hay nada porque sentirte avergonzada de tu descripción. Al final solo estás reconociéndote para que de esa manera puedas crecer. No hay nada malo en ti, solo hay que ir ajustando lo que se necesite para que puedas lograr lo que quieres.

Es mucho mejor ser 100% honesta para que puedas tener una gran transformación.

Esta pregunta es muy buena. ¿Cómo es que te imaginas a otras personas hablando de ti? ¿En un café por ejemplo a otras mujeres, qué imaginas que están chismeando acerca de ti?. Descríbelo. ¿Cómo es que crees que otros hablan de ti?. Tómate un tiempo para que describas mínimo dos situaciones de las que hablen de ti. Esto te va a dar una vision más precisa de lo que es tu carácter actual.

No sigas leyendo hasta que hayas contestado todo esto.

Ahora es tiempo de ser sumamente claras en lo que es tu sueño y lo que quieres lograr. Cada vez que me siento estancada o que siento que ya no puedo seguir, es porque pierdo de vista mi visión y no estoy viendo mi sueño. Si no defines tu sueño lo que va a suceder es que te vas a convertir en el sueño de alguien más. Eso es lo que normalmente no llegamos a entender. Si no tienes un plan, un sueño y una visión con la cual te levantes todos los días, vas a terminar siendo el sueño de alguien más y no el tuyo.

Te lo voy a ejemplificar, los que producen todos los productos que consumes a diario, lo que buscan es que tú les compres, te convencen de que eso es lo que debes de comprar. Ellos están teniendo éxito en su intento de vender su producto. Es por eso que es tan importante que tengas tu propio plan y que tengas bien claro cuál es tu intención todos los días para que puedas estar en control de ti y de lo que quieres lograr.

El primer paso es que sueñes y veas en grande. Ve hacia tu futuro y define que es lo que realmente quieres en tu vida. ¿Dónde quieres vivir? ¿Cuánto dinero quieres hacer? ¿Cómo es que se va a ver tu negocio? ¿Cómo es que es un día común para ti? ¿Cómo es que pasas tu tiempo?.

Después empieza a añadirle detalles a tu sueño. ¿De qué color es el coche de tus sueños? ¿En dónde está la casa de tus sueños?. Es más, puedes checar en internet e imprimir exactamente la casa que quieres. Después, vas a querer pensar en tu oficina, donde la quieres, o si vas a trabajar desde tu casa. Ponle color, detalles y define lo más que puedas tu sueño.

El siguiente paso es que lo declares. Declarar tu sueño a otras personas. Lo que sucede cuando se lo dices a alguien más se empieza a hacer más real. Si no le dices a nadie tu sueño, existirá una posibilidad muy grande de que no se vuelva realidad. El contárselo a las demás personas te pondrá mayor presión para lograrlo. Asegúrate de declararle tu sueño a otras personas.

Después de que se los contaste, lo que sigue es que vas a decidir qué vas a hacer para que suceda tu sueño.

Después empieza a diseñarlo. ¿Cómo es que se va a ver tu negocio? ¿cuál será el nombre de tu empresa? ¿qué productos estarás vendiendo o servicios? ¿cuáles precios? ¿cuáles serán los distintos procesos en tu empresa?. Necesitas detallar lo más que puedas para que lo empieces a ver real.

El siguiente paso será planear tus acciones diarias. Tendrás que planear tu primer año. ¿Dónde es que quieres estar en los próximos 12 meses?. Y empezarás a hacerte preguntas como ¿qué es lo que necesito hacer cada mes para poder lograr mi sueño?. Planea el primer mes, luego el segundo, y el que sigue y el que sigue. Cada día de la semana lo tendrás que tener planeado para que puedas empezar a tomar acción.

El último paso es entregar. Todos los días cuando te despiertes y vayas a tu escritorio, vas a sacar tu plan del día y vas a saber exactamente lo que necesitas hacer.

Estos son los pasos que necesitarás llevar a cabo para poder lograr tus sueños.

El siguiente ejercicio es muy poderoso. Contesta las siguientes preguntas. Lo que vas a empezar a hacer al contestarlas es diseñar la vida de tus sueños.

Primero, ¿cuál es tu sueño? ¿qué es lo que realmente quieres?. Lo tendrás que hacer de la manera más detallada que puedas y regresarás a esto que escribiste todos los días. Todo esto que escribas no se trata de que solo lo escribas una sola vez, sino que regreses a alimentarlo día con día.

Una vez que ya tienes la imagen en tu mente, una vez que cierras los ojos y lo puedes ver, de verdad que es increíble cómo es que el Universo conspira contigo para poder crearlo. En mi experiencia, cada vez que tengo súper clara la imagen de lo que quiero, al poco tiempo sucede.

Así que define bien tu sueño, hazlo lo más claro posible. ¿Dónde quieres vivir? ¿Qué es lo que quieres hacer todos los días? ¿En qué ciudad? ¿En qué país? ¿En qué estado? ¿En qué calle?. Exactamente qué casa. Escríbelo. Que es lo que vas a hacer todos los días, y cómo es que se van a ver todos tus días.

Comprométete a realizar el trabajo necesario que requiera el lograr tu sueño. Una vez que lo tengas bien definido, lo único que te quedará por hacer es ejecutar y tomar acción. De verdad, este ejercicio es súper importante que lo hagas.
Y a lo mejor en este momento te será difícil imaginarte esa persona que quieres llegar a ser, porque recuerda que los emprendedores con lo que más problema tenemos es con nuestra crisis de identidad. Estamos en una lucha constante de quienes somos y en quien debemos convertirnos para poder lograr nuestros sueños.

Tenemos esta enorme brecha entre la situación en que nos encontramos y la situación en la que quisiéramos estar. Las personas tratan de lograr sus sueños siendo las personas que son en el presente, y así nunca funciona.

Necesitarás definir un nuevo carácter de ti que sea capaz de lograr esos sueños que definiste.

Ahora te pregunto ¿Cómo es que describirías esa nueva versión de ti necesaria para lograr con el mínimo esfuerzo tus sueños y metas?. Describe este carácter en 3 enunciados. La palabra clave aquí es con el "mínimo esfuerzo".

Si tu carácter actual trata de lograr tus metas, va a ser extremadamente difícil, pero si describes este nuevo carácter que va a lograr estas metas con el mínimo de esfuerzo, a este nuevo carácter se le hará muy fácil lograrlo. Vas a pensar ¿y eso era todo? ¿qué sigue? ¿Era todo lo que me había propuesto lograr?. Así es como querrás empezar a describir este nuevo carácter. Escríbelo en tres enunciados o menos.

Ahora, ¿qué habilidades y fortalezas va a necesitar este nuevo carácter para ejecutar sus sueños? ¿Por cuales fortalezas es que te conoce la demás gente? ¿Cuáles son las debilidades que no debería tener este nuevo carácter?

Analiza tu carácter actual, ¿quien... eres ahora?. Y ahora visualiza tu sueño que definiste. Si tienes algunas debilidades que te van a causar problemas cuando estés logrando tus sueños, defínelas para que te puedas deshacer de ellas.

Define cuáles son esas debilidades, y escríbelas. Y tampoco te preocupes de más, no se trata de querer quitarte todas las debilidades que tengas, por lo pronto solo las que creas que te van a complicar el camino para lograr lo que quieres.

Ahora define ¿qué hábitos tiene este nuevo carácter que el carácter actual no tiene?. Fíjate en tu carácter actual cuáles son los malos hábitos que tienes. Ahora revisa tus sueños y piensa ¿cuáles son los hábitos que van a ser necesarios tener para poder lograrlos? ¿qué malos hábitos tiene este nuevo carácter que el nuevo necesita quitarse para lograr sus sueños?. Este nuevo carácter deberá no tener todos estos malos hábitos y debilidades.

¿Qué miedos tiene tu carácter que el nuevo no deberá tener?. Si tienes miedo de hacer algo, o de hablar con las personas, entonces tu nuevo carácter no deberá tener miedo de eso. ¿Cómo es que tu nuevo carácter se presenta ante los demás o como es su nueva apariencia?. Esto es muy importante de definir porque es una manera en la que podemos entender que realmente estamos trascendiendo a un nuevo carácter todos los días y empezamos por vestirnos de acuerdo a ese nuevo carácter. Haz de cuenta que eres la escritora de la próxima novela Best Seller en Latinoamérica y estás creando al personaje principal. Sólo que en este caso el personaje eres tú misma.

Lo que sigue es, ¿cuáles son los juicios que el carácter actual realiza y que el nuevo carácter no deberá de tener?. Fíjate quién eres ahora,

ahora observa que es lo que juzgas. Ahora, tendrás que ser capaz de reconocer que juicios son los que te debes de quitar y que este nuevo carácter no debe de tener. ¿Qué historias del pasado este nuevo carácter se dejará de contar? ¿Qué excusas este nuevo carácter necesitará dejar de usar?.

¿Qué rasgos tendrá tu nuevo carácter?. Tendrás que poner la vara bien alta para que puedas lograr tus sueños.

Ahora, ¿describe cómo será un día promedio en tu nuevo carácter, ¿como es que vas a estar tomando acción todos los días? ¿Lo harás motivada? ¿O cómo es que te ves haciéndolo?.

Ahora, describe las cosas que este nuevo carácter amará hacer y que además tu actual carácter odia hacer y evita hacer a toda costa.

¿Cómo crees que las demás personas chismearán y hablarán de ti o de tu nuevo carácter en las reuniones o cafés? Crees que van a decir algo así como: "¡Wow! Que cambiada está... se ve súper feliz, como si apareció de la nada y ahora le va súper bien".

Esto es también muy poderoso porque estás decretando como es que quieres que las personas hablen de ti a tus espaldas, y obviamente querrás que lo hagan de una manera positiva porque además va a ser lo que tu estarás proyectando con tu nuevo carácter. Escribe todo lo que se te ocurra.

Lo que estamos haciendo es separar tu mente de tu carácter. Estamos creando una separación de manera que tu carácter aprenda a tomar las órdenes de tu mente y haga lo que le estas diciendo que haga.

Con esta información pudiste ver el carácter que necesitas crear para poder lograr tus metas y lograr tus sueños.

Cuando tomas una decisión consciente de que quieres convertir tu actual carácter en un nuevo carácter, lograr tus sueños te resultará muchísimo más fácil. Acuérdate que con el carácter que tienes actualmente, te será muy difícil lograrlos, casi imposible.

Lo que ves actualmente como imposible y doloroso de lograr se convertirá en un hábito de todos los días y algo que realizarás solo por el gusto de hacerlo y esto será gracias al nuevo carácter que construiste.

CONVIÉRTETE EN TU PROPIO MITO

Convertirte en tu propio mito se trata de reescribir tu propia historia y crear una profecía de lo que va a suceder en tu vida en el futuro. Esta herramienta es otra herramienta súper poderosa.

El primer paso para empezar a reescribir tu historia es el siguiente:

Observa tu pasado, tu infancia, las cosas negativas que te sucedieron. Ahora identifica de esas experiencias cuales fueron lecciones para ti de las cuales te sientes agradecida y te hicieron ser la persona que eres actualmente. Es mucho mejor este ejercicio si le pones fotografías.

¿Qué eventos o acontecimientos puedes construir en tu propia historia ahora?. Agrega fotos si es posible. Por ejemplo, si tienes actualmente un trabajo de 9 a 8, toma una foto de tu escritorio actual y escribe tu capítulo como el primer capítulo.

¿Cuál sería tu siguiente acontecimiento de tu historia?. Checa tus sueños. ¿Cómo es que quieres que se vea tu historia?. Vas a empezar a mapear los próximos capítulos de tu vida. Si no crees que el siguiente capítulo se te va a hacer realidad, no quiere decir que no se vaya a hacer realidad. De todos modos, descríbelo. Yo he escrito capítulos de mi vida que no creo que puedan suceder y con trabajo he hecho que sucedan. Así es como empiezas a crear tu propio mito. Empiezas a escribir los siguientes capítulos de tu vida, y te lanzas al mundo a hacer que se conviertan en realidad.

Cuando creas tu propia historia, cuando escribes los próximos acontecimientos de tu vida y tus siguientes capítulos, es increíble cómo es que empieza a suceder todo y empieza a convertirse en realidad. Entre más empieces a escribir los siguientes capítulos de tu vida, tendrás las mayores posibilidades de hacer que se conviertan en realidad.

Por favor, haz este ejercicio. De verdad te vas a sorprender de los resultados que empezarás a tener.

Y ahora que ya entendiste que es tu carácter actual, tienes una definición mucho más clara de quién eres. Tienes bien definido cuál es tu sueño, con detalles y entiendes cuál es el nuevo carácter que necesitas desarrollar para poder lograr tus metas.

Recuerda siempre esto:

Tu mente determina lo que quiere lograr en la vida, determina tus sueños y metas y le dicta las órdenes al carácter para que ejecute. El carácter toma toda esta información de la mente y realiza las órdenes. Así entonces, tu mente es la master, y puede hacer que tu carácter haga lo que tu mente le dicte. Tu mente puede hacer que suceda lo que tú quieras.

Pero esto que te acabo de decir lo tenemos un poco confundido. Creemos que el carácter es el que manda. Lo que tienes que hacer es jalarle los hilos a ese carácter para que haga lo que tu mente quiera. Si tu carácter actual no es el adecuado para lograr tus sueños entonces es momento de diseñar un nuevo carácter.

Lo más importante aquí es que tu sepas que puedes modificar ese carácter a como tú quieras de manera que te ayude a lograr tus sueños.

Como funciona nuestra realidad para todos es que primero defines tu hipótesis de manera positiva acerca de algo que quieres lograr en el futuro y segundo experimentas retroalimentación. Esta retroalimentación va reforzar tu hipótesis. Por ejemplo, en mi caso una de mis hipótesis fue que me iba a convertir en una guía para ayudar a otras mujeres a crecer, y es lo que ha sucedido en los últimos 2 años. Todo lo que me diga a mí misma se termina convirtiendo en realidad.

Y cada vez que empiezas a tener este ciclo de retroalimentación, con tu hipótesis de que te va a ir increíble en algo, tomas acción y lo empiezas a experimentar convirtiéndote cada vez mejor en aquello que definiste ser.

El definir una hipótesis acerca de lo que quieres lograr en tu vida mejora de manera exponencial tu habilidad para lograr tus metas. Lo que estás haciendo es poner de tu lado las leyes del Universo porque estás además hackeando tu mente y diciéndole exactamente a donde es a dónde quieres llegar.

Pensamos siempre que no tenemos control sobre lo que sucede en el Universo, pero eso no es cierto. Cada vez que tu defines una hipótesis estás de alguna manera controlando lo que te va a suceder en el futuro.

Ahora te voy a enseñar cómo es que puedes hackear a tu propio cerebro.

PRIMERO

Tus pensamientos se convierten en tus creencias, y tus creencias se convierten en tu realidad.

La teoría universal del todo y el algoritmo maestro está compuesto de:

1.-Creencias

2.-Acciones

3.-Resultados

4.-Retroalimentación

Debes de poder interceptar tu propio algoritmo en la etapa de las creencias, tomar acción de manera masiva con tus nuevas creencias, experimentar nuevos resultados, escuchar la retroalimentación y ajustar tus creencias y acciones una y otra vez para perfeccionar cada vez más el proceso.

SEGUNDO

Date cuenta cuál es tu situación actual, en donde estás actualmente en tu vida. Tu construiste tu vida, y eres la única responsable de donde te encuentras ahora y hacia dónde vas en el futuro. No existen una fuerza sobrenatural, persona o cosa en tu contra. Todo eres tú.

Recuerda que no somos solo cuerpos físicos pegados a la tierra por la gravedad. Tú puedes crear la realidad que tú quieras a través de tus pensamientos, creencias y acciones. La mejor manera de vivir tu vida es evolucionando como persona y lograr lo que tú quieras lograr. ¿Habrá algo más satisfactorio que eso?.

TERCERO

Está siempre consciente de tus patrones de comportamientos. Como humanos siempre estamos en conflicto entre la persona que somos y la persona que queremos ser. Nuestros dos seres se encuentran en una lucha constante y crean un patrón de altas y bajas. Toma nota de esas altas y bajas, e identifica marcadores de esos patrones para que te prevengan y puedas cacharte en tus puntos más bajos y corregir rápidamente.

La llave de todo crecimiento o evolución es la variación. Deberás aprender y entender la dualidad que tienes en tu mente y dejar de irte hacia un solo lado, ya sea el "correcto" o "incorrecto". Nada es estático y todo en el Universo está en constante evolución. Ahora, hazte la siguiente pregunta ¿en quién te estás convirtiendo tú?.

CUARTO

Nuestras mentes tienen un mecanismo o sistema de prendido y apagado (on-off) y están programadas a través del tiempo para que creas en ciertas cosas. Entonces, tu experiencia de la realidad es simplemente el resultado de lo que tu mente ha creído a través del tiempo. Cuando nos sucede algo o tenemos pensamientos acerca de algo, hacemos la balanza de nuestras creencias hacia un lado más que hacia el otro. Ya sea más hacia el lado positivo o más hacia el lado negativo. Cada creencia que tienes se va hacia un lado o hacia otro. Es por eso que en lo que tú crees es lo que se convierte en tú realidad.

QUINTO

Debes de hacer que tu carácter haga lo que tu mente le ordene. Define qué es exactamente lo que quieres lograr en tu vida y checa si el carácter que tienes ahora te va a ayudar a lograrlo. Si este carácter no es capaz de ayudarte a lograr lo que quieres entonces es momento de diseñar uno nuevo que sí te ayude a lograrlo.

RITUALES DIARIOS

Es muy importante que lleves a cabo un ritual diario hasta que lo conviertas en un hábito en tu vida. Recuerda que para desarrollar un hábito se requiere mínimo de 31 días consecutivos de estar realizando la misma acción.

1.-Lo primero que debes de hacer en la mañana:

En cuanto te despiertes lee aquello que definiste que quieres lograr en tu vida, tus metas, en quien te quieres convertir y el legado que quieres dejar. Recuerda que tus metas deben de estar muy bien definidas.

2.-Crea un vision board. A continuación, te explico cómo hacerlo. Todos los días siéntate mínimo 5 minutos a verlo y a sentir las emociones como si ya hubieras logrado todo lo que pusiste en él.

Un vision board es un tablero formado por una colección de imágenes y frases con sentido para ti.

Está diseñado para evocar el tipo de persona en la que esperas convertirte. Un collage en papel o en versión digital con tu "yo" futuro.

Cuando imaginamos nuestras metas logradas y nos vemos con los objetivos cumplidos, conseguimos que el subconsciente se mantenga activo para hacerlo realidad. Es importante que en tu ritual diario también lo veas durante por lo menos 5 minutos y sientas las emociones como si ya estuvieras viviéndolo.

Es ideal para implementar en proyectos o en cada nuevo ciclo que comenzamos.

Cuenta una historia con ingredientes emocionales y racionales que dan sentido a nuestras aspiraciones. Una historia con elementos que evocan ideas sobre el perfil de persona que anhelamos ser.

¿Qué quieres aprender? ¿Estas por empezar una carrera? ¿Cómo te imaginas en un par de años?. Con un tablero creas tu proyecto personal de manera atractiva y a la vista, para recordarte tu propósito vital.

Una vez interiorizado, se convierte una poderosa herramienta mental a tu alcance.

3.-Necesitas llevar una hoja de desempeño en donde apuntes todos los días en que avanzaste y los logros que tuviste. Si no llevas esto es muy fácil que se te empiece a olvidar, lo haces durante 3 o 4 días y después se te olvida seguir.

Toma 31 días el crear un nuevo hábito o quitártelo. Apégate a lograrlo en 31 días haz todo lo que esté en tus manos para crear esta nueva versión de ti capaz de lograr el éxito que buscas y anhelas. Ya tienes mucha información, ahora lo que sigue es comprometerte y hacer el trabajo que se requiere.

Acuérdate de que puedes diseñar exactamente lo que quieres lograr y trabajar en ello.

5 SE UNA MÁSTER EN LAS VENTAS

La importancia de este capítulo radica en que si no sabes vender estás en problemas. A continuación, te explico que las ventas no solo se tratan de poder vender tus productos o servicios. Las ventas van mucho más alla de eso.

Negociar y convencer a otros afecta tu capacidad para sobrevivir. No importa lo que hayas estudiado o tu posición social, a lo que te dediques o el negocio que tengas, en algún punto te verás en la necesidad de convencer de algo a alguien más.

El arte de vender es un arte que practicamos todas las personas del planeta. Las ventas son una habilidad esencial para sobrevivir y garantizar una excelente calidad de vida.

Esto es súper importante: ¡Tu capacidad para tener éxito depende directamente de tu habilidad para convencer a los demás de lo que tú crees¡.

Tu poder para agradarle a la gente, para hacer que trabajen contigo y que te quieran complacer determina que tan exitosa puedes llegar a ser. Vender es un estilo de vida.

Y la palabra vender digamos que es igual a persuadir, negociar o conseguir lo que quieres. Vender incluye casi cualquier cosa, desde dejar saber tu punto de vista y relacionarte con los demás hasta intercambiar bienes y servicios, convencer a un hombre de que eres la mujer de su vida, comprar o vender una casa, pedir un préstamo, empezar tu propio negocio, o convencer a tus clientes de que compren tu producto.

Es común que se mencione que casi todos los negocios quiebran debido a la falta de liquidez lo cual es totalmente falso. La razón por la que fracasan es porque sus ideas no se supieron vender rápido y bien para que el negocio no se quedara sin dinero.

No importa quién eres o a qué te dediques, siempre vendes algo. Y en este mundo o estás vendiendo algo o te están vendiendo algo.

Desde que te levantas en la mañana hasta que te vas a dormir, deseas conseguir que las cosas pasen como tú quieres. El hecho de que no obtengas comisiones o dinero por conseguir lo que quieres no te quita de ser una vendedora, las comisiones pueden tener muchas formas.

Salirte con la tuya es una comisión. No todas las recompensas tienen que ser en dinero. Por ejemplo, el recibir reconocimiento por un trabajo es una comisión. Tener nuevos amigos es una increíble comisión. Lograr que tu negocio te de ganancias es también una increíble comisión.

¿Cuántas veces has escuchado que las mejores cosas de la vida son gratis?. Yo no estoy de acuerdo con eso, creo que las mejores cosas de la vida son las que vienen en forma de comisión por un esfuerzo bien hecho. Llámale felicidad, seguridad, estabilidad, una gran familia, amor, confianza, amistades. Todas son comisiones resultado del trabajo de alguien más.

Y aquí yo te digo que el amor es la comisión más grande para las personas que han trabajado por encontrar a un compañero, cuidarlo y alimentar ese amor para que no deje de crecer. Ese amor es la comisión más grande producto del esfuerzo de ambos.

¿Cuántos son los roles que tienes en tu vida?. Mamá, esposa, profesional, hija, amiga, empresaria. Tal vez por la mayoría de los roles que estás desempeñando no te pagan, pero si te aseguro que si no sabes venderte en cada uno de esos roles no has tenido el éxito que deberías tener.

El saber vender es lo más necesario para que te vaya bien en la vida.

Las ventas es una carrera en la que puedes trabajar para ti misma, ser tu propia jefa y hacer tus sueños realidad.

No tendrás límites si es que te comprometes a seguir aprendiendo y estás lista para ver las ventas como una carrera. Puedes ganar lo que tú quieras, no existen límites, tú puedes decidir qué productos vender, a quién vendérselos y cómo hacerlo.

Tres cuartas partes de las personas de este mundo no tienen idea del éxito que experimentarían en su vida si supieran cómo vender.

CONVIÉRTE EN MÁSTER EN VENTAS

Y ¿cómo es que te vuelves una máster? ¿Cómo te puedes convertir en una de las grandes de tu nicho?.

El primer paso y el más importante de todos, es el compromiso.

Compromiso es entregarte completamente a algo. Si tienes tu negocio, es comprometerte a realizar lo que se necesite para sacarlo adelante y hacerlo crecer. Y la parte esencial de cualquier negocio son las ventas. Convéncete de que tu éxito dependerá de tu habilidad para vender y lo mejor es que aprendas a hacerlo. Convéncete a ti misma de que esto es lo que te llevará a conseguir lo que quieres en la vida.

Y ¿cómo te comprometes a algo al 100%?. En mi experiencia es enfocarme en "LA UNICA COSA IMPORTANTE" (el siguiente capítulo hablo de este tema específicamente) y eliminar las demás opciones entregándome completamente a aprender todo lo que pueda sobre el tema en cuestión. Es volverte una fanática de eso, poner toda tu atención, que sea tu obsesión y tomar acción, poniendo manos a la obra.

El compromiso es algo muy personal, es un requisito indispensable para obtener resultados en la vida y marcar una diferencia con el resto de las personas.

Si no te sientes orgullosa de lo que estás haciendo, jamás serás exitosa. El problema no es la carrera o negocio que hayas escogido, sino tu falta de compromiso.

El hacer realidad tus sueños depende de tu compromiso.

Compromiso = resultados = felicidad

Y ¿sabes cuál es la única razón por la que a una persona no disfruta las ventas?. La única razón es porque no sabe lo que está haciendo. Alguien que no logra ganar, no sabe que hay algo que le falta hacer. Cuando eres incapaz de entender algo, pierdes el control y entonces dejas de disfrutar lo que haces.

En cambio, si sabes cómo funciona el juego, puedes dejar de confiar en la suerte, cosechar los frutos de tus esfuerzos y ponerte de frente ante los mejores competidores.

No importa a lo que te estés dedicando, necesitas aprender a observar y predecir. Solo hay dos caminos en la vida, o te sales con la tuya o no. Aunque no vendas nada, observa cada vez que no consigas lo que quieres y toma notas.

Si comprendes porqué puedes vender algo, entonces ahí es cuando vas a poder salirte con la tuya.

APRENDE A VENDERTE

Se escucha un poco raro véndete. Pero solo en la medida en que te sepas vender podrás vender. Si no puedes vender bien, no te estás vendiendo correctamente. Si las ventas son flojas, si no te sales con la tuya, no te estás vendiendo.

Para convertirte en una gran vendedora tienes que ser capaz de venderte a ti misma a través del producto o servicio que pones a la venta. Haz que todas las ventas sean las más importantes de tu vida y continúa vendiéndote esta idea una y otra vez.

Debes de estar completamente convencida de que tu producto, tu servicio o tu negocio son mucho mejores que los demás. Que estés 100% segura de que lo que vendes es mejor que cualquier otra opción en el mercado.

Estar convencida y creer tanto en lo que vendes hasta volverte irracional. Como una fanática de tu producto o servicio. Tienes que convencerte de que ningún razonamiento lógico puede contradecir la calidad de lo que vendes.

Convéncete firmemente para que seas capaz de demostrárselo a tu comprador de una manera tan clara que a éste le parezca que no tiene otra mejor opción que lo que tú le estás ofreciendo.

Una venta la haces cuando tu convicción y tus creencias sobre algo son más fuertes que las de la otra persona al punto de que la convences de que tú tienes la razón.

Lo importante aquí es comprometerte por completo con tus creencias. Si lo haces así, siempre habrá alguien dispuesto a comprártelas.

Si no estás convencida de lo que vendes, tienes alguna crítica o crees que no será tu producto del agrado de tus clientes, considérate lista para el fracaso. Debes de vendértelo tu primero. Debes de creer que tu producto es el más indicado y el que más beneficios dará al cliente que está frente a ti.

Es importante que te tomes el tiempo de venderte a ti misma tus propios productos, ¿los comprarías?. Antes de convencer a alguien más de que tus mercancías son las mejores que hay.

Convéncete del valor de tus productos, de tu negocio o servicios a tal grado que te sea imposible imaginar que tu cliente pueda encontrarlos en otra parte.

Debes saberte vender. Cualquiera que sea el juego en el que estés, concéntrate en ganar. Véndete a ti misma la serie de cosas que debes hacer para lograr tus sueños. Haz que tu vida sea increíble, véndete esta necesidad y encuentra todos los pros posibles para convencerte con esta idea.

Estar convencida de que usas tus productos, los consumes y se los venderías a tus seres queridos.

Y también estar consciente de que no le vas a vender zapatos a un zapatero, ¿cuál sería la necesidad de hacerlo?. O incluso vender algo que no consideres que sea honesto o ético aún que el cliente estuviera dispuesto a pagar la cantidad de dinero que fuera necesaria para obtener tu producto. Solo vender aquello en lo que realmente crees.

Otro punto importante es que mientras menos fijada o tacaña seas con el dinero, éste llegará a ti más fácil. Y si eres incapaz de superar la prueba de adquirir lo que vendes, nunca serás capaz de vendérselo a otros.

EL CUENTO DEL PRECIO

Si pudieras preguntarles a todos los vendedores del mundo porqué creen que pierden una venta, la mayoría te contestaría que es por el precio. Lo cual en la realidad es falso, cerrar una venta no se trata de dinero, sino de que el consumidor adquiera la confianza de que un producto sea el indicado para él.

El precio pocas veces es una preocupación para los compradores, incluso cuando ellos digan que lo es. Es más común que se trate de un asunto de confianza. Si tu cliente se enamora de tu producto o servicio, pagará lo que sea con tal de adquirirlos.
Si tu cliente tiene confianza en que tú le ofreces una solución real a sus problemas, no tendrá problemas para desembolsar la cantidad necesaria.

Tendrás que ser capaz de hacer que el cliente quiera tener el producto que tú le ofreces. Descubrir lo que él quiere y demostrarle que tú tienes la solución. Si de verdad aman lo que les estás ofreciendo y creen que es una solución a sus problemas, nueve de cada diez veces encontrarán la manera de pagarlo.

Si tu cliente te dice que no tiene el dinero para pagarlo, en realidad existe una preocupación más grande que no está resuelta. Si estuviera convencido, el precio no sería un problema.

En su mente tu cliente se estará haciendo preguntas como ¿Será el producto indicado? ¿Es un buen momento para comprarlo? ¿Qué pensarán los demás de que lo compraré? ¿No será mejor que ahorre el dinero? ¿Realmente necesito esto? ¿Podré encontrar una mejor oferta? ¿Estaré haciendo lo correcto?.

Si sabes cómo resolver estas preguntas, el precio nunca será un problema para ti. Tu éxito dependerá de que puedas entender a tu cliente y las verdaderas razones por las cuales no está convencido de comprar tu producto o servicio.

Lo que de verdad le provoca angustia a tu cliente es escoger una mala opción, comprar un producto que no le sirva o tomar una mala decisión.

Y un tip, siempre que tu cliente se queje del precio, enséñale algo más caro.

Tú como vendedora eres el problema, no el cliente. Dale a tu cliente potencial un producto que le fascine o un servicio que resuelva su problema y conseguirás vendérselo en ese preciso momento en que confíe en ti, en el producto o servicio.

Si realmente quieres ser una buena vendedora, debes de confiar y creer en los humanos. Creer que la gente es buena y buscar siempre la decisión correcta. Tus clientes como tú también tienen deudas, se salen de su presupuesto, y trabajan duro para poder comprar lo que necesitan.
Así que lo que tus clientes quieren es estar seguros de que tomaron la decisión correcta y de que lo que van a pagar hará realmente una diferencia en su negocio.

Si vendes un producto, tus clientes quieren estar seguros de que serán felices cuando lo usen, se sentirán bien, satisfechos, serán admirados y reconocidos por la decisión que tomaron.

Si las personas no están comprándote, créeme que no se trata del precio de tu producto o servicio, seguramente se trata de otros factores que no estás alcanzando a ver.

Acuérdate cuantas veces te has salido de tu presupuesto comprando algo que te gustó, o cuantas veces compraste algo que no buscabas, pero te pareció que era para ti, realmente nunca se debe al precio.

NO HAY DINERO SUFICIENTE

Este es otro mito al que estamos expuestas como sociedad. Millones de personas en el mundo creen que no hay suficiente dinero para todos. Pero esto es falso, el dinero no es escaso, por el contrario, siempre lo podemos encontrar de manera abundante.

Un ejemplo de esto sería que si se reuniera en un solo sitio todo el dinero que existe en el mundo, cada uno de nosotros podríamos tener aproximadamente mil millones de dólares.

Las creencias que tenemos acerca del dinero son muy limitadas. Todos los días la gente compra casas, terrenos, ropa, comida. Hay una cantidad inagotable de dinero y siempre que pueda estar a punto de terminarse sencillamente se imprime más.

Si cambias tu mentalidad de escasez por una mentalidad o mindset de abundancia y prosperidad te darás cuenta de que así es como funciona el mundo y la abundancia que está a tu alrededor.

La clave es que ames a tus productos, servicios, a tus clientes, amate a ti misma y aprenderás cómo saber vender.

El dinero es una cuestión mental (mindset), no un tema de escasez.

RECUERDA QUE LE VENDES A PERSONAS

Es muy importante que tengas en cuenta que a quien le estás vendiendo es a personas como tú y como yo con las mismas necesidades, problemas o deseos. Si es muy importante que conozcas tu producto, pero más importante que conozcas sobre tu cliente. Entender cómo funciona la gente y cómo puedes demostrarles los beneficios de tus mercancías.

La mayoría de las veces los vendedores salen a vender sin tener idea de lo que buscan sus clientes. ¿Cuáles son sus deseos? ¿Qué les preocupa? ¿Qué les gusta? ¿Cuáles son sus necesidades?. Estas son las preguntas que debes tener claras para poder cerrar una venta. Es por eso la importancia también de tener claros los fundamentos de tu negocio, tu cliente ideal, tu propuesta de valor, los cuales tocaremosen el siguiente capítulo.

Interésate en la persona a la que le vas a vender. La gente está más preocupada por sí misma, por su familia que por comprar algo, sin importar cuanto lo necesiten o lo quieran.

Si te encuentras frente a un cliente y no te interesas en él, en sus preocupaciones, pronto se dará cuenta de que estás ahí solo por la venta y perderá el interés en ti y en tu producto.
El 90% de los vendedores no se toman el tiempo de conocer y escuchar a sus clientes.

El comunicarte con tu cliente te ayudará a que descubras qué es lo que él necesita y que es lo que considera valioso en su vida. El hacerle preguntas adecuadas estará demostrándole tu interés por él.

Y siempre recuerda que las personas son más importantes que los productos o mercancías. Interésate en tu cliente, en lo que quiere conseguir, o lo que busca resolver, y nunca dejes que algo sea más importante para ti que la persona que acudió a ti para que le ayudaras.

LA MENTE DEL COMPRADOR

Si sabes que es lo que está pasando por la cabeza de tu cliente, si te puedes anticipar a que es lo que busca, ahí es cuando estarás más cerca de convertirte en una máster en ventas. Se trata de que puedas ver lo que pasa por su mente.

Los clientes no son los que frenan la venta, lo hacen los vendedores. La venta se dé o no, ésta depende del vendedor. Y para cerrar una venta, debes entender la mente de tu comprador. Las personas somos controladas por nuestra propia mente, nuestro trabajo es entenderla y poder comprender a las demás personas.

Un cliente que desde un principio te dice que no te va a comprar nada es porque de entrada no está confiando en ti o en su capacidad para decidir.

Y esa falta de confianza te puede costar muchas ventas. Te restará credibilidad y reducirá las posibilidades de cerrar un trato.

Asume que tu cliente no confía en ti y construye esa confianza, esa es tu chamba. La gente cree más en lo que ve que en lo que escucha.

Es por eso que una muy buena estrategia para que tu cliente te tenga confianza es que le muestres tu información de manera impresa. Siempre escribe lo que dices, lo que le estás proponiendo, lo que le estás prometiendo.

Cuando hagas una presentación de tu mercancía, ponla por escrito y pon sus beneficios en un papel.

Es increíble la importancia que le damos las personas a la palabra escrita. Si está escrito la gente cree que es cierto. Entonces, dale pruebas a tu cliente potencial, que se vea que lo que ofreces es real y te ganarás su confianza para comprar.

EL PODER DE DAR

La mayoría de los vendedores o los negocios están enfocados en las ganancias, en la utilidad, en cuanto dinero van a generar, pero están dejando de lado lo que realmente es importante que son los beneficios que sus productos tendrán en sus clientes.

La esencia de vender es querer ayudar. Si en la vida das lo suficiente, esto se te regresa. Si pones toda tu energía, tu mejor actitud y un excelente servicio no tendrás problemas para que tu producto o servicio sea un éxito.

Ponles toda la atención a tus clientes de principio a fin. Que sepan que son las personas más importantes para ti. Si logras hacer esto, tu recompensa será enorme. Comprométete con cada uno de tus clientes. Entrégale todo tu ser en el momento de la venta, que sepa que estás con ellos. No permitas que nada te interrumpa, correos, llamadas. Hazle saber que la atención está puesta en ellos.

En los negocios siempre tienes que estar dispuesta a servir a las personas, no sólo a venderles. Las personas que se han vuelto vendedores profesionales se preocupan más por sus clientes y siempre encuentran maneras de mejorar su calidad de vida.

Si elevas tu nivel de servicios y te diferencias de los demás, rápidamente todos dejarán de quejarse de tus precios y solo te comprarán a ti. Un mal servicio o mala experiencia para tu cliente es muy difícil revertirla. El servicio siempre es más importante que la venta.

Siempre piensa en dar y dar, tu mejor servicio, tu mejor actitud, lo mejor de ti en cada venta.

Otro punto es que siempre te vas a topar con ventas difíciles, y hay dos cosas que te pueden ayudar en este tipo de ventas.

A) Siempre piensa en que lo que estás ofreciendo es lo mejor para tus clientes.

B) Entrénate. Tienes que saber manejar cualquier tipo de objeción que tu cliente ponga.

TOMA ACCIÓN

Siempre que decidas emprender o lograr algo tienes que tener en cuenta que deberás tomar acción masiva. Siempre en los negocios más es mejor que menos. Haz mucho más que solo lo suficiente para que puedas obtener resultados más grandes que tus expectativas.

Si quieres conseguir grandes resultados y ser exitosa debes tomar acciones de manera masiva.

Para poder llegar a un lugar en la vida, debes ponerte a hacer cosas. Para obtener resultados debes de tomar acciones. Cuando sales de viaje, primero lo planeas, comparas precios, compras tus boletos, reservas el avión, el hotel, tomas toda la acción necesaria para que salgan las vacaciones de la mejor manera.

La cantidad de éxito se limita a la cantidad de acciones. No le hagas caso a las personas que te dicen que lo tomes con calma y que no trabajes tanto. Y se vale también que te relajes cuando llegues al punto donde querías llegar.

La herramienta que te va a ser más útil en tu camino al éxito es tomar acción masiva.

Si se trata de vender tu producto, toma acción masiva, identifica en donde lo puedes promocionar, llévalo a donde sabes que estarán tus clientes ideales, anúnciate en redes sociales, toma toda la acción necesaria para que te conozcan y compren tu producto.

Cuando estés tomando acción haz mucho, cada vez más y más. Esta es la única cosa que te garantizará resultados. Piensa en grande y manéjate con grandes números.

La mayoría de la gente no consigue lo que quiere porque no hace lo suficiente para obtenerlo. El sentirte productiva hará que te sientas más feliz, satisfecha. Las personas nos sentimos mejor cuando somos productivas y mientras más generes mejor te sentirás. El dinero por sí mismo no hace que la gente sea más feliz, el sentirte productiva y con un propósito sí lo hará.

Siempre que quieras lograr algo si tomas acciones masivas 10 veces más de lo que en un principio pensarías que tendrías que hacerlo, ya no tendrás que desear o esperar a que sucedan las cosas. Empezarás a ver cómo es que puedes lograr tus metas de una manera mucho más fácil.

En capítulos pasados hablamos sobre el tiempo y como todas las personas tenemos las mismas 24 horas, seamos exitosas o no. Y, además, pudiste ver cómo es que el tiempo es la más grande excusa que utilizamos para no lograr nuestros objetivos.

Por eso es tan importante que tengas un manejo del tiempo excelente. Que aprendas a priorizar aquellas actividades que sean realmente productivas y las que no las dejes para el final o para que las realice alguien más. Identifica cada vez que no estás utilizando tu tiempo de manera proactiva, por ejemplo, cuando te quedas platicando con algún colega, o cuando te pasas tiempo en las redes sociales, o cuando te sales a fumar o a comer y te tardas más de lo que tenías pensado, cuando te pones a ver la tv. ¿Piensa, ¿qué pasaría si solo tuvieras una hora al día para poder lograr tus metas? ¿Cómo la utilizarías?.

Si aprovechas mejor tu tiempo conseguirás lo que quieras. Empieza por controlar tu tiempo en vez de que el tiempo te controle a ti. Recuerda que el 80% es tu mentalidad y las creencias que tienes acerca de todo, así que puedes cambiar tu manera en como ves el tiempo y aprovecharte de él.

UNA BUENA ACTITUD

Las personas prefieren pagar por una buena actitud positiva que por un buen producto. Creo que a todas nos gusta que nos traten bien, que entremos a una tienda y nos pongan toda la atención, que nos reconozcan cuando tenemos la razón, que nos sonrían y se muestren interesados en nosotras. A todas nos gusta sentirnos bien.

Podemos influir de manera positiva en las personas solo si ellas sienten confianza en nosotros.

Si eres de esas mujeres que tiene una actitud increíble podrás vender todo lo que quieras.

Muchas personas prefieren gastarse su dinero en entretenimiento o diversión debido a que esto es lo que las hace sentirse bien. Y es muy fácil que nos contaminemos con el ruido al que estamos expuestas todos los días, por eso es importante que tomes en cuenta lo siguiente:

a) Trata de no ver periódicos, tv, noticieros o escuchar radio.

b) No tengas mucho contacto con personas negativas o que siempre se están quejando de todo. Aléjate de personas que sean nocivas y que siempre ven el lado negativo a las cosas. Incluyendo familiares y amigos.

c) Declárale a los que te rodean tu visión y adonde es que quieres llegar, y también como es que ellos te pueden ayudar a conseguirlo.

d) Evita todo tipo de sedantes emocionales como el alcohol o drogas. El consumir este tipo de sustancias solo te harán perder enfoque y no tener la claridad que necesitas en tu camino al éxito.

e) Trata de hablar siempre de manera positiva. Elimina el mal hábito de hablar en negativo, de quejarte y de excusarte. Comprométete a que tus pensamientos, tus palabras y tus acciones siempre serán positivas. Si tienes un tropiezo, comienza nuevamente.

Se trata de que te vuelves una máster de tu carácter y que controles la manera en la que piensas, actúas y vives tu vida.

Un hábito negativo que tenemos como sociedad es que ya ni siquiera nos damos cuenta cuando hablamos mal de las personas, al contrario, se juntan para hablar de la amiga a la que le está yendo muy mal en su matrimonio, o la otra amiga a la que le pusieron el cuerno, y así, pueden pasar horas solo criticando a las demás personas. Este tipo de actitudes no ayudan en nada, por el contrario, y luego se preguntan porque es que no les está yendo bien en su vida cuando se han dedicado a destruir con las palabras a los demás.

Lo que más te va a ayudar a salir adelante en la vida es mantener una actitud positiva y un enfoque positivo independientemente de las circunstancias por las que estés pasando. Esta actitud positiva se verá reflejada en todas las áreas de tu vida, en tu matrimonio, en tu negocio, con tus hijos, con tus amistades.

Las personas que no tienen éxito se debe a que no han creado compromiso. El éxito se lo dejan a la suerte, al gobierno, al tiempo, a Dios, a todas las cosas de las que no tienen control. La mayoría de las personas no llegan a tener el estilo de vida que desean y esto es porque no van tras sus sueños con una actitud perseverante e incansable.

Debes de empezar a creer en ti y en que tienes un potencial increíble. La suerte es solo para aquellos que se han esforzado y tomado acción.

Sé honesta contigo cada vez que vendas o falles en vender algo. Siempre pregúntate que es lo que podrías haber hecho diferente, en donde es que podrías mejorar y asume tu responsabilidad en tus resultados.

Tu éxito en ventas va a llegar cuando estés preparada mentalmente, que tengas el mindset correcto, que hayas obtenido las habilidades y práctica tomando las acciones necesarias hasta alcanzar tu objetivo. Créeme que si estás clara y crees firmemente en lo que estás haciendo el éxito vendrá. Son solo una serie de pasos.

6 LOS CIMIENTOS DE TU NEGOCIO

Los negocios, se podría decir que son como los deportes: uno primero debe aprender los fundamentos y las reglas antes de jugar profesionalmente.

Los fundamentos o bases de un negocio son los cimientos que soportarán la estructura en el proceso de crecimiento. Sin estos cimientos, la organización tendrá muchos problemas.

La mayoría de empresas nacen debido a que alguien, se aventura a emprender una actividad de la cual tiene conocimiento y cree poder hacer dinero. Sin embargo, la gran mayoría de emprendedores empiezan sin tener conocimientos de cómo manejar un negocio, creyendo que el manejo del mismo no debería ser tan complejo.

Y es muy común que llegue el día en que el manejo del negocio se vuelve tan complejo que termina consumiendo mucho tiempo del emprendedor y generando varios problemas personales y profesionales. Todo esto podría evitarse, si la persona que decide emprender empieza por aprender las bases y sentar los cimientos de su negocio.

Pero, ¿en qué consiste este proceso de generar las bases de un negocio?.

Las bases de tu negocio son los principios que utilizas para asegurar que tu empresa tenga ganancias y tenga la información necesaria para tomar buenas decisiones.

Es por eso la importancia de que tengas bien claras las bases de tu negocio y que estés continuamente checándolas. A continuación, te voy a dar la lista de las 5 cosas que tienes que tener muy claras y definidas en tu negocio:

1. Tú cliente Ideal

2. Tú propuesta de Valor

3. Definición de tu mensaje

4. Identificación de tu nicho

5. Análisis de tu mercado

1. CLIENTE IDEAL

IMPORTANCIA

Un negocio exitoso sabe cuál es su cliente ideal.

Una parte fundamental de tu negocio es conocer a tu cliente ideal.

De hecho, muchos negocios fallan porque no conocen su mercado objetivo o cliente ideal.

Cuando tratamos de complacer a todos con nuestros productos o servicios, realmente no estamos complaciendo a nadie y terminamos rebajando precios y perdiendo tiempo y dinero.

Por esto es muy importante que identifiques a tu cliente ideal.

COMO IDENTIFICAR A TU CLIENTE IDEAL

El cliente ideal es aquel que está dispuesto a pagar por lo que ofrece tu negocio porque conoce su valor ya que le está ayudando a resolver un problema o una necesidad.

El cliente ideal es el cliente que te ayuda a hacer crecer tu negocio porque es un cliente rentable (deja dinero) y te refiere con más clientes.

El problema es que muchos dueños de negocios creen que "todo el mundo" es su cliente y esta creencia los lleva a fracasar en sus intentos de conseguir más clientes.

Identificar y conocer a tu cliente ideal debería ser el primer paso cuando quieres dar a conocer tus productos o servicios.

¿Cuál es el cliente que quieres tener para tu negocio? – la mayoría de veces la respuesta es:

– "¡todo el mundo, quiero que todos compren mis productos!"

– ¡Respuesta incorrecta!

No todos pueden ser tus clientes y no todos quieren ser tus clientes, de hecho, es un error querer abarcar un mercado muy amplio por qué vas a encontrar mucha competencia y entras en una guerra de precios bajos que te llevará a trabajar más y ganar menos.

Piensa en tu cliente favorito actual...

Me imagino que es tu cliente favorito porque está comprando tu producto o contrata tu servicio constantemente, paga puntualmente, no pide descuento, te agradece por tu trabajo, te refiere más clientes.

Ahora imagina que tuvieras 10 clientes más como ese cliente favorito, sería ¡excelente! ¿No crees?.

Y los clientes que no son favoritos, los clientes que tienes que tenerlos por que necesitas vender, son clientes que se quejan por todo, algunas veces te tratan mal, no quieren pagar el precio que pides y quieren descuento, son clientes que a la larga te generan más gastos que ganancias.

Estos clientes no son tus clientes ideales porque están perjudicando tu negocio. Expertos en mercadotecnia aconsejan que en estos casos lo mejor es dejarlos ir.

Al renunciar a ciertos clientes no quiere decir que vas a tener menos clientes, sino que vas a enfocarte en tus clientes favoritos y vas a hacer el marketing de tu negocio con el objetivo de conseguir más clientes ideales.

A continuación, te comparto las preguntas que te debes de responder para que puedas identificar a tu cliente ideal. A lo mejor no tienes todas las respuestas, pero de eso se trata este ejercicio, que lo que no tengas claro lo investigues y lo escribas lo más detalladamente posible.

DEFINICION DE TU CLIENTE IDEAL

Para definir a tu cliente ideal debes detallar 3 niveles:

I.   Información Demográfica

II. Información Psicográfica

III. Información "Psíquico-gráfica"

I.   Información demográfica

a) Edad: _____

b) Género: _____

c) Ingreso: _____

d) Tamaño de familia: _____

e) Dónde viven: _____

f) Estatus social: _____

g) Nivel de educación: _____

II. Información Psicográfica

Para lograr identificar a tu cliente ideal, no es suficiente con conocer sus datos demográficos, aun teniendo estos datos, cada uno de esos clientes potenciales puede querer cosas diferentes en diferentes comportamientos.

Los datos demográficos no te dicen si a esa persona realmente le interesa lo suficiente tu producto o servicio para que lo adquiera.

El perfil psicográfico se trata más de diferentes tiempos de tus clientes ideales.

Completa lo siguiente:

a) Valores _____

b) Intereses _____

c) Hobbies _____

d) Afiliación política _____

e) Religión _____

f) Estilo de vida _____

III. Información Psíquico Gráfica

a) ¿Qué hace?

b) ¿Qué es lo que hace en la semana?

c) ¿Qué es lo que hace cuando no está trabajando?

d) ¿Qué es lo que ve en la tv? ¿Dónde ve las noticias?

e) ¿Cuánto dinero hace?

f) ¿Cómo se siente acerca de su trabajo?

g) ¿Cuáles son sus preocupaciones en su vida?

h) ¿Cómo tu producto o servicio le ayuda en su día, o semana?

Describe acerca de su historia

a) ¿Que le sucedió en el pasado que lo/la llevo al punto en donde se encuentra ahora?

b) ¿Cómo se siente acerca de lo que le sucedió en el pasado? A lo mejor un trabajo, una experiencia que tuvo, o un viaje que realizó.

c) ¿En qué se interesa ahora gracias a ese evento que le sucedió?

d) ¿Cuál es su estado familiar? Está casado/a? ¿Divorciado/a? ¿Soltero/a? ¿Tiene hijos? ¿Cuántos?

e) ¿Algún dato acerca de sus relaciones podría influenciar en como usa tu producto o lo que ofreces que le ayude en su semana?

f) ¿Tú producto llena alguna preocupación o necesidad? ¿Cómo la/o hace sentir bien tu producto o servicio?

g) ¿Qué es lo que le importa a él/ella de tu producto?

h) ¿Cómo es que le ayudas a que su vida sea mejor?

i) ¿Qué pensamientos tendrá esta persona justo antes de decidir comprar tu producto? ¿Cuál sería lo que lo/a haga activar el gatillo y te compre?

Ahora es el turno de definir tu propuesta de valor.

2. PROPUESTA DE VALOR

Diseña la Propuesta de Valor de tu Empresa

Existen dos cosas que son clave para alcanzar el éxito de tu negocio: **los clientes y tu propuesta de valor.**

¿Te gustaría convertir en clientes a muchas más personas?

¿Emplear un gancho irresistible para despertar la curiosidad de las personas que visitan tu empresa o visitan tu sitio web?.

Esto lo puedes lograr si consigues diseñar, transmitir y ofrecer el valor que te diferencia del resto del ruido (competencia) que ofrece el mercado.

A continuación, te explico:

1.- Características de la propuesta de valor de tu empresa

2.- Las claves que te dirán como desarrollarla

3.- Ejemplos de propuesta de valor de empresas conocidas

1.-Características de la propuesta de valor de tu empresa

Cuando transmites a un cliente el valor que ofrece tu empresa, analiza en su subconsciente dos cosas:

a) Los beneficios que aportas

b) Lo que le cuestas

Si lo primero es mayor que lo segundo, en su mente se creará la percepción de que tu empresa, producto o servicio merece la pena. Si ocurre al revés, y el coste supera a lo que vas a aportarle, no te comprará.

Una buena propuesta de valor debe transmitir lo siguiente:
a) Cómo es que tu empresa, producto o servicio resuelve el problema o necesidad de tu cliente.

b) Qué beneficios debe esperar el cliente de tu servicio.

c) ¿Por qué te debe elegir a ti y no a tu competencia?. ¿Cuál es tu valor diferencial?.

Y un error muy común es confundir la propuesta de valor que aportas, con un eslogan, pero no es lo mismo "JUST DO IT" (Sólo hazlo) de Nike, o "Compartida la vida es más" de Movistar, no son propuestas de valor, son slogans.

La gran ventaja de lograr transmitir el valor que posees te ayuda tanto en tu negocio como a nivel personal.

Imagínate a ese adolescente que le gusta una niña de su escuela. Entre más de 100 alumnos de la misma edad, quieres que se fije en ti, entonces debes de ser capaz de demostrar cuáles son tus virtudes y porqué debería elegirte a ti.
Lo mismo ocurre con una empresa que compite en un mercado y quiere atraer a más clientes.

Deberá tener la creatividad para demostrar qué ofrece, y qué le diferencia del resto de la competencia.

Vamos a ver en 3 pasos como puedes construir esa propuesta para transmitir tu valor y hacerte una ganadora.

1.-Identifica tu cliente ideal

Cuando tenemos una idea de negocio innovadora, lo primero es identificar tu cliente ideal. Si tu negocio lleva más tiempo seguramente tendrás un mayor conocimiento de los clientes principales en tu negocio. Esto lo definiste en el punto anterior.

2.-Haz una lista de los beneficios y del valor que tu producto aporta a tus clientes. Por ejemplo, algunos de los beneficios que aporta mis programas de Coaching son:

- Empoderamiento al conocer cuáles son tus super poderes naturales

- Reconocimiento de que es lo que mejor sabes hacer

- Claridad y definición de tus metas

- Estrategias para llevar a cabo tus sueños

- Estrategias para crecer tu negocio y llevarlo al siguiente nivel

- Conocimiento de que es lo que te frena de lograr lo que quieres

- Desarrollo de nuevos hábitos

- Identificación y desarrollo de los fundamentos de tu negocio (cliente ideal-propuesta de valor)

- Herramientas para crecer tu mindset

3.-¿Que hace diferente tu propuesta de negocio del de la competencia? En el caso de Bpowerconsulting, mi empresa de Coaching, lo que nos diferencia es:

- Aportamos herramientas innovadoras de mindset

- Rompemos paradigmas en la manera en cómo vemos el trabajo, ya que no sólo es obtener una remuneración, sino que lo vemos como la expresión de nuestra esencia

- Nos comprometemos con cada clienta hasta ver los resultados esperados

- Aportamos gran valor ayudándoles a que hagan conscientes cuáles son sus poderes naturales y ayudamos a que se empodere.

- Tenemos conocimiento de cuáles son sus mayores problemáticas y necesidades, lo cual nos ayuda a tomar acción de manera rápida para que puedan ajustar lo que necesiten en sus negocios e incrementen sus ingresos

- Les damos las mejores prácticas probadas que existen en el mercado a nuestras clientas de manera que crezcan de manera consistente

- Tenemos experiencia de más de 18 años poniendo en práctica en distintas industrias las herramientas que les compartimos a nuestras clientas

Cómo transmitir el valor de tu producto o servicio a tus clientes

Con la información del punto anterior, te será mucho más sencillo definir cuál es tu propuesta de valor en la que se tendrán que cumplir los siguientes puntos:

1.-Debe ser clara y fácil de entender. No funciona si le pones tecnicismos o palabras raras, a menos que tu mercado sean físicos cuánticos o un sector muy especializado

2.-Comunica claramente que va a obtener el cliente con tu producto o servicio

3.-Explica que te diferencia de la competencia

4.-Cuanto más breve mejor

Los principales elementos para transmitir el mensaje son estos:

- Un título, que describa el beneficio que ofreces al cliente

- Un subtítulo, donde detallas brevemente lo que ofreces, a quién y porqué

- Tres puntos con los beneficios o características de tu producto o servicio

   Un elemento visual (video o imagen) que amplié tu mensaje

Algunos ejemplos de propuesta de valor de empresas reales:

STARBUCKS

La propuesta de valor de Starbucks se basa en crear una experiencia en torno al consumo de café, e integrarlo en la vida diaria de sus clientes. Los tres factores fundamentales de su propuesta de valor que han sido pilares de su estrategia empresarial y de marketing son:

- El café: controlan la mayor parte de la cadena de suministro; cultivo, tostado y distribución

- El servicio: trato personalizado e intimidad con el cliente

- El ambiente: locales acogedores, ambiente informal, tranquilo, con música suave y wifi

En general la propuesta de Starbucks es crear una experiencia alrededor del consumo del café.

INSTAGRAM

El valor que aporta a sus clientes queda perfectamente definido en su web. En un párrafo corto, con una imagen representativa de la aplicación, consiguen transmitir todo el valor que aporta su aplicación a sus usuarios.

Hay tres puntos a destacar en esta web de Instagram:

1.-El título transmite exactamente el valor que aporta la app

2.-El texto es corto, pero te explica cómo funciona la aplicación a la perfección y además menciona también el valor de poder filtrar fotos y videos

3.-La palabra gratis es sin duda uno de sus atributos más importantes

OXXO

1.-Abren las 24 horas del día los 365 días de la semana

2.-Cualquier cosa que necesites en tu día te lo pueden ofrecer

3.-Ahorras dinero comprando en sus tiendas

Resumen

El valor de un negocio, empresa o start up debe estar basado en los clientes y en como solucionamos o minimizamos sus problemas. Si el cliente percibe, que lo que recibe a cambio de lo que va a pagar es suficientemente bueno, comprará y si no, no lo hará. Así de simple y de complicado.

A continuación, detalla tu propuesta de valor tomando en cuenta los pasos anteriores:

a) Cómo es que tu empresa, producto o servicio resuelve el problema o necesidad de tu cliente.

b) Qué beneficios debe esperar el cliente de tu servicio.

c) Porqué te debe de elegir a ti y no a tu competencia. Cuál es tu valor diferencial.

3. IDENTIFICA TU NICHO

NICHO

¿Qué es un nicho? Y ¿Por qué es importante elegir uno?

El definir un nicho de mercado para tu negocio es una nueva manera de ver y categorizar a los negocios de manera que puedas tener un negocio único, que aporte soluciones y propuestas únicas.

Actualmente se siguen creando negocios solo copiando a los demás, sin innovar o proponer cosas realmente diferentes. Haciendo esto, es muy difícil poder destacar tu negocio de los demás.

Me encanta mencionar esta analogía de aquel que persigue a dos conejos termina atrapando a ninguno. Y aquél que busca atrapar a cada conejo uno a uno, seguramente terminará cazando a uno.

Todo mundo piensa que entre más amplio sea su mercado más éxito tendrá, y en realidad es lo contrario ya que termina tan general su negocio que se pierde entre toda la oferta que hay en el mercado.

Un ejemplo claro de cómo puedes tener más éxito es la diferencia que hay entre un doctor y un especialista. Un especialista en cirugía de rodilla por ejemplo puede ganar 100 veces más que un doctor general. Los dos son doctores, fueron a la misma escuela, la gran diferencia es que uno es general y el otro está especializado. Lo mismo sucede en todos los negocios entre más especializada estés, más oportunidades vas a tener de diferenciarte de todos los demás.

Es muy difícil ser buena en todo, pero es muy fácil ser la mejor en el mundo en algo muy específico. Muchas veces cuando vemos a alguien experto en algo pensamos "esa persona debe de tener un don" y realmente no fue un don, sino que se enfocó en una sola cosa y se olvidó de lo demás. Por esa razón es que dedico un capítulo a este tema de la importancia de enfocarte en "una sola cosa".

Y sí, tendrás que decidir entre muchas cosas en el camino para lograr ser la mejor y enfocarte en lo que realmente es importante para ti.

Vas a sacrificar todo para poder ser buena en eso que decidiste ser.

La llave es que empieces, se trata de que te conviertas en la mejor en tu industria, en tu servicio o en el producto que ofreces.

La clásica manera de ver los negocios era B2B (Bussines to Bussines) o B2C (Bussines to consumer) y esta manera es completamente lineal porque solo está agrupando a ese tipo de negocios. La mejor manera de poder segmentar los negocios actualmente es B2P (Bussines to people) y de esa manera empezamos a usar clusters o grupos de personas con intereses afines. Un ejemplo de nichos B2P sería parejas que les gusta el yoga y quieren volverse ricos. O contadores que quieren hacer negocios de manera diferente, o mujeres embarazadas que buscan tener un parto en el agua, y así podemos ir definiendo distintos grupos de personas con intereses, deseos y problemáticas afines en vez de generalizar mujeres embarazadas, o contadores, o parejas que hacen yoga, así podríamos tener categorías infinitas.

El chiste es que podamos ver a las personas de una manera dinámica, no estática y que continuamente las personas se están convirtiendo en algo, porque los consumidores no son iguales y siempre están evolucionando al igual que los negocios.

El que te enfoques en un nicho te ayudará a que tu negocio y lo que ofreces se posicione, además de que se diferencie de los demás.

DEFINE TU NICHO

Contesta lo siguiente:

PASO 1. Haz una lista de 5 nichos o industrias que conoces o que te apasionan

1. _____
2. _____
3. _____
4. _____
5. _____

PASO 2. Haz una lista de 5 habilidades o talentos que tienes.

1. _____
2. _____
3. _____
4. _____
5. _____

PASO 3. Haz una lista de los problemas, miedos y deseos de los nichos que seleccionaste

1. _____
2. _____
3. _____
4. _____
5. _____

PASO 4. El factor más importante son los "problemas y deseos". ¿De todos los problemas y deseos en el PASO 3, cual crees que es el más poderoso?

PASO 5. ¿Tienes las habilidades y el conocimiento para resolver este problema, deseo o miedo?

Si es un SI, ¡Felicidades! Acabas de seleccionar tu nicho.

Si es un NO, no te estreses, la mayoría de los problemas cuando se definen claramente y de manera aislada son mucho más fáciles de resolver y el conocimiento que se necesita para resolverlos también se puede adquirir fácilmente.

Si seleccionaste NO, continua al siguiente paso. Si seleccionaste SI, terminaste con ejercicio.

PASO 6. Vas a trabajar en resolver el problema y adquirir las habilidades necesarias y el conocimiento necesario para resolverlo. Empieza escribiendo el **problema, deseo** o **necesidad** en uno o dos enunciados, que tienen este grupo de personas:

a) ¿Alguien lo resolvió ya? ¿Sí o no?

b) ¿Cómo es que lo resolvieron? ¿Qué es lo que están haciendo?

c) ¿Puedes copiar cómo están resolviéndolo? Sí o no

Haz una lista de las cosas que necesitas aprender para poder copiar la SOLUCION GANADORA de personas que ya lo resolvieron:

d) ¿Qué pasos vas a tomar durante los siguientes 7-14 días para aprender esto?

DIFERENCIATE DE LA COMPETENCIA

Hazte las siguientes preguntas:

a) ¿Qué te diferencia de la competencia?

b) ¿Qué percibe la gente de ti como una fortaleza?

c) Pregunta a 5 personas ¿cuál creen que sea tu mayor fortaleza?

d) ¿Qué es lo mejor sabes hacer?

e) ¿Qué puedes aportar al mundo que los demás no pueden?

f) ¿Qué recursos especializados tienes a tu alcance que los demás no?

g) ¿Cuáles son tus debilidades? ¿En qué no se puede contar contigo?

h) ¿Cuál es tu habilidad única? ¿En qué eres la mejor en el mundo?

4. REAFIRMA TU MENSAJE

a) ¿Cuál es tu nicho? Escribe aquí el nicho que elegiste anteriormente

b) Tus clientes acuden a ti porque buscan algo. ¿Qué es eso que buscan? ¿Qué es lo que esperan de ti, de tu producto o servicio?

c) Tu nicho, ¿tiene su o forma de hablar? Si es así, ¿qué palabras o frases utilizan?

d) Escribe nuevamente tu propuesta de valor en un enunciado

e) ¿Qué palabras o frases escuchas que tus prospectos o clientes repiten una y otra vez?

f) ¿Qué historias les gusta a tus prospectos contar que pareciera que siempre repiten?

g) ¿Qué metáforas o analogías usan tus clientes o prospectos?

h) ¿Por qué cosas podrían estar tristes o aburridos tus clientes?

i) ¿Qué cosas les emocionan?

j) ¿Qué palabras, enunciados o frases que tú usas no resuenan con tus prospectos o clientes?

k) ¿Qué palabras, enunciados o frases sí resuenan con tus prospectos o clientes?

l) Para enfatizar tu mensaje, ¿cuáles son tus mejores mensajes o analogías?

m) Toma en cuenta toda la retroalimentación que te den tus clientes y prospectos. Y evalúa que ajustes puedes hacer para mejorar su experiencia de compra

5. ANALIZA A TU MERCADO

10 PREGUNTAS INTELIGENTES PARA DIAGNOSTICAR A TU MERCADO
(siempre pensando en tu cliente ideal)

a) ¿Qué es lo que les quita el sueño en las noches y los mantiene despiertos, con los ojos abiertos, viendo el techo, dándoles vueltas a la cabeza?

b) ¿De qué tienen miedo?

c) ¿Por qué están enojados? ¿Con quién están enojados?

d) ¿Cuáles son sus 3 principales frustraciones diarias?

e) ¿Qué tendencias existen y existirán en sus negocios o sus vidas?

f) ¿Qué es lo que, de manera secreta, fervientemente desean más?

g) ¿Qué estereotipos se están creando en este nicho? Por ejemplo, ingenieros=son súper analíticos

h) ¿Tienen su propio lenguaje?

i) ¿Quién o quienes más están vendiendo algo similar a este nicho, y cómo lo están haciendo?

j) ¿Quiénes han tratado de venderles algo similar y cómo es que el esfuerzo ha fracasado?

Este capítulo trata realmente de arrastrar tu lápiz e identificar los cimientos de tu negocio para que pueda crecer más sólido y fuerte. Todo esto, si lo realizas te ayudará mucho. Te invito a que no lo dejes de hacer y que sigas experimentando en tu mercado que es lo que les gusta y que no para que continuamente estés mejorando tus productos o servicios.

7 UNA SOLA COSA

Toda mi vida había pensado que el estar haciendo muchas tareas a la vez, el ser multitask, es lo que me llevaría al éxito en cualquier cosa que emprendiera.

Si empezaba un nuevo proyecto, al mismo tiempo estaba ya creando otro negocio y generando nuevas ideas.

Desde que tengo memoria siempre he estado haciendo muchas tareas y proyectos a la vez. Uno de mis principales talentos es idear y mi talento número 1 es aprender, es por eso que a veces me resulta muy difícil poner a mi mente en modo off ya que siempre estoy generando nuevas ideas. Así como estos son grandes talentos y me han llevado a tener éxito, estos mismos me han llevado también a fracasar. El punto importante es que hasta hace poco tiempo yo desconocía esta nueva manera de pensar y enfocarme en **"UNA SOLA COSA"**.

Esta nueva idea era muy difícil para mí de pensar y de realizar. Era romper un paradigma el aceptar que si me enfocaba en "una sola cosa" el éxito iba a llegar más rápido y más grande. Siempre me acordaba un dicho muy común que dice "no pongas todos los huevos en una sola canasta" y eso más o menos se traduce en que diversifiques para que puedas disminuir tus riesgos. Y así fue siempre mi manera de pensar. Siempre tratando de diversificar lo que tenía, porque ya me había dado cuenta que era emprendedora, solo que no me había dado cuenta de cual era mi propósito y que era a lo me quería dedicar por el resto de mi vida.

Lo que yo buscaba al emprender proyecto tras proyecto era generar dinero, y al cabo de unos meses de haberlo emprendido terminaba aburrida con mi nuevo negocio y dándome cuenta que no me satisfacía más ya que nunca me había puesto a evaluar qué era lo importante para mí o cuál era realmente el propósito de ese nuevo negocio además de generar dinero.

Y así, fue como me di cuenta después de fracasar varias veces, que empecé a reconocer que no todas las cosas importaban por igual.

Me di cuenta de que si quería obtener resultados extraordinarios necesitaba reducir mi atención a aquello que realmente era importante, enfocarme en "LA UNICA COSA".

Yo pensaba que para lograr el éxito solo sería a través de mucho tiempo y dedicación. Con mil listas de pendientes y de cosas por hacer. Lo único que conseguía haciendo esto era saturar mi agenda, frustrarme por no terminar todo y querer tirar la toalla.

Nuestro tiempo y energía son limitados, así que cuando abarcamos mucho es imposible poder controlarlo todo. La idea sería, hacer menos cosas para lograr un efecto mayor en lugar de hacer más y más cosas. Entre más cosas agregues te puede llevar a tener consecuencias negativas, ya que seguramente dejarás tareas para después, plazos que no se cumplen, más estrés, cansancio, mala alimentación, y así una lista de consecuencias negativas que no te van a ayudar en nada.

Es por eso la importancia de hacer más simple todo, el ponerte un único objetivo e ir directamente por él. Si simplificas al máximo terminarás centrando tu atención en "una sola cosa". Y esa será la clave para tu éxito.

El buscar el éxito con resultados extraordinarios se basa en alinear tus prioridades hacia el logro de "la única cosa". Aquí es donde podemos ver crecimiento de manera exponencial, y lo que va a influir a que lo logres es el tiempo que le dediques todos los días a tu prioridad.

Un ejemplo en la vida diaria de "la única cosa". Google se ha centrado en las búsquedas que puedan vender publicidad y ese es su principal ingreso, siendo una de las empresas más grandes a nivel mundial y con gran poder debido a la cantidad de información que maneja.

Un caso más local, la empresa mexicana Cinépolis. El crecimiento exponencial que ha tenido en los últimos años es de admirarse y aplaudirse. Se enfocaron en "la única cosa" ser una de las cadenas más grandes de cine a nivel mundial. Crearon toda una experiencia alrededor de esta industria porque no solo es ir a disfrutar la película que se estrena, sino que vas a comer las mejores palomitas del mundo acompañadas de tus nachos, tu refresco o cualquier otro antojo. A quien le preguntes te dirá algo parecido.

Si puedes identificar alguna historia exitosa, siempre podrás ver que hay una única idea atrás. Y algo súper importante es que han triunfado de manera extraordinaria debido a que tenían una emoción y una habilidad aprendida que destacaba. Algo más alla que los impulsa. Cuando alineas tu pasión a "la única cosa" es cuando vas a tener resultados extraordinarios.

EL PRINCIPIO DE PARETO 80-20

¿Has escuchado alguna vez sobre este principio? No se trata de una simple teoría. Este principio afirma que una minoría de causas o esfuerzos puede provocar una mayoría de resultados o rendimientos.

Esto quiere decir que, en el mundo, las cosas no son iguales. Una pequeña cantidad de causas genera la mayoría de los resultados. Si sabes escoger en donde es donde vas a poner todos tus esfuerzos, ahí es donde vas a obtener las mayores recompensas.

Los resultados extraordinarios son fruto de muchas menos acciones de lo que la mayoría creemos.

Para lograr el éxito que buscas, puedes empezar con una lista larga e ir eliminando cosas hasta que te quedes con las más importantes y de ahí hasta que llegues a una única idea esencial, "la única cosa". (Recuerda la lista del Poder 20)

TOMA EN CUENTA LO SIGUIENTE:

1. Aprende a decir que no. La idea es que te atrevas a decir ahora no, o más tarde a cualquier otra cosa que no tenga que ver con tu tarea más importante.

2. Házlo simple. No se trata de que siempre estés ocupada, sino que realmente seas productiva. Permite que lo que más importa te guíe.

3. Las cosas no importan por igual. Aprende a manejar y priorizar tu tiempo.

NO AL MULTITASK

La idea de que realizar multitareas o multitasking te hace más productiva es mentira. Pero todo mundo lo acepta como que es algo súper productivo hacer varias tareas a la vez. Todas hemos oído hablar de cómo ser una mujer multitask, de hecho, nos estereotipan a las mujeres como multitask.

Yo llegué a estar súper orgullosa de esta supuesta habilidad, me sentía super fregona cada vez que mencionaba o hacía varias cosas o proyectos a la vez.

Y ¿qué crees? La multitarea no es ni eficiente ni efectiva. Si quieres tener grandes resultados el hacer esto te va a llevar a fracasar.

Cuando intentas hacer dos cosas a la vez no podrás o no lograrás hacer bien ninguna de ellas. Recuerdas que en capítulos anteriores te mencioné el proverbio "Aquél que persigue a dos conejos, no atrapa a ninguno".

Si crees que la multitarea es una manera eficaz de hacer más cosas estás en el lado equivocado. Lo que realmente estás haciendo son menos cosas.

Normalmente los humanos cambiamos de pensamientos cada catorce segundos. Mientras hacemos una cosa estamos a 14 segundos en pensar en otra cosa que podríamos hacer. Y este tipo de hábito de pensamiento está en nuestra programación y había sido necesario para sobrevivir.

El alternar de una tarea a otra te resta muchísima productividad ya que entre una tarea y otra se pierde el enfoque que tenías y tienes que empezar de cero con la otra tarea.

Lo que realmente sucede cuando hacemos dos cosas a la vez es que estamos separando nuestra atención. Puedes llegar a hacer dos cosas a la vez, pero no puedes centrarte de manera eficaz en dos cosas al mismo tiempo.

El problema de atender dos cosas a la vez se da cuando una tarea exige mayor atención que la otra y lo único que estamos haciendo es dividir nuestra atención y disminuir la eficacia de nuestros resultados.

RECUERDA

1. Distraerte disminuye tus resultados. Cuando intentas hacer demasiadas cosas a la vez acabas por no hacer ninguna bien. Siempre identifica que es lo que más importa hacer en ese momento y ponle toda tu atención a eso.

2. Paga el precio de ser multitasking. El tener el hábito de las multitareas te llevará a tomar malas decisiones, cometer más errores y a estresarte más.

3. La distracción es de humanos. Es muy normal el distraerte y más en el mundo en el que vivimos actualmente. No te culpes, solo vuelve al camino y enfócate en tu prioridad.

DESARROLLA HÁBITOS

Más que el ser disciplinada yo te diría que aprendas a desarrollar nuevos hábitos que te ayuden a lograr tus metas. El éxito es progresivo y tampoco puedes desarrollar varios nuevos hábitos a la vez. Las personas más exitosas han seleccionado la disciplina necesaria para adquirir aquellos hábitos que les ayuden más. De uno en uno.

Y dale su tiempo a cada hábito que vayas desarrollando. Lo ideal si quieres desarrollar un nuevo hábito es hacerlo todos los días durante 30 días, y existen otras opiniones de que no son 30 días sino 66 días para que el hábito quede más sólido en tu comportamiento.

Todavía recuerdo cuando decidí hace algunos años el crear un hábito nuevo de manera consciente. Decidí correr 5 km diarios durante 30 días sin descansar. Aclaro, que sí era una persona que hacía ejercicio, pero nunca había corrido. Y lo que sucedió al final de esos 30 días no fue solamente el nuevo hábito, ni el tener un cuerpo más fuerte y con mayor condición, que ya eran muy buenos resultados. Lo más importante fue el desarrollar esa creencia en mí de que podía lograr lo que me proponía y que solo eran una serie de pasos. A la fecha, sigo ejercitándome 6 días a la semana mínimo. A donde viajo llevo siempre mis tenis y pase lo que pase llevo a cabo mis ejercicios. Ya es un hábito que lejos de sufrirlo lo disfruto y es parte de mi vitamina diaria.

LA FUERZA DE VOLUNTAD

¿Eres de las personas que siempre tiene fuerza de voluntad? Yo tampoco. Y es muy fácil decir "nada más decídete y ya", pero la realidad es que no siempre tenemos acceso a esa motivación y fuerza de voluntad para hacer las cosas.

Es muy importante que desarrolles el hábito de trabajar en tus prioridades cuando más energía tengas y puedas tener acceso a mayor fuerza de voluntad.

Mi experiencia es que yo soy mucho más productiva durante las mañanas. Y, además, pongo la tarea que se me hace más difícil (aunque no necesariamente sea la más difícil) como una prioridad. Es lo primero que hago al empezar mi día de trabajo. Si realizo la tarea más difícil en las primeras horas del día, el resto de mi tiempo es mucho más productivo y hay semanas que llega el jueves y terminé lo que tenía proyectado para finales del viernes.

La importancia de dedicarle lo prioritario en la mañana es debido a que estás más cargada de energía. Imagínate que tenías una tarea más complicada de lo normal y la agendas para en la tarde o noche. ¿Qué crees que va a suceder? Seguramente vas a terminar cansada, o pondrás la excusa de que ya no te alcanzó el tiempo y la postergaras.

Además de aprender a gestionar tu tiempo para tener la mayor fuerza de voluntad, es muy importante que pongas mucha atención en cómo te alimentas y como te hidratas.

Si por algo no desayunaste, lo más obvio es que no vas a pensar ni a enfocarte igual a que si hubieras tenido un desayuno energizante. O que tal que, si desayunaste, pero fue un desayuno lleno de carbohidratos y harinas, como unos deliciosos hot cakes. Lo que va a suceder es que te vas a sentir super aletargada y tendrás demasiada azúcar en la sangre lo cual tampoco te ayudará a concentrarte. Además de alimentarte bien, el tomar agua durante el día y mantenerte hidratada también es muy importante. Todos esos detalles, aunque parezcan pequeños te podrán hacer una gran diferencia en tu día y en tu productividad.

Cuando decides y te comprometas a ir por tus sueños, y por "la única cosa", va a ser casi imposible que logres un equilibrio en tu vida. Y creo que nos han vendido la idea errónea de que los humanos estamos en búsqueda del equilibrio. Es obvio que, si le inviertes tiempo a "una sola cosa", habrá otras que no tendrán tu atención. Aquí lo interesante es que puedas priorizar y tener más claras tus opciones de manera que puedas construir tu destino.

La dificultad no será en querer mantener tu equilibrio sino más bien en definir cuanto tiempo es el que le vas a dedicar a tu prioridad.

Piensa en tu negocio o trabajo y piensa en tu vida personal. Son prioridades en tu vida a las cuales les debes de dar la atención que merecen, pero de manera separada. Un error es mezclar la vida laboral con la vida personal.

En tu trabajo o negocio siempre dedícale el tiempo a "la única cosa" que importa y el demás tiempo a todo lo demás.
Pero haz contrapeso de tu vida laboral con tu vida personal. Tu vida está hecha de varias áreas y todas ellas requieren un mínimo de atención. Si dejas de lado cualquiera de ellas vas a notar consecuencias negativas para ti. Empieza a llevar una vida de equilibrio y contrapeso. Haz que las cosas importantes en tu vida tengan una prioridad y dedícate a las demás cosas cuando puedas.

PIENSA EN GRANDE

Si te pusiste un objetivo de 15, siempre pregúntate como puedes obtener 30. Busca ponerte límites más altos de los que crees que puedes lograr. Eso hará que asegures el objetivo inicial.

Cuando se trate ir por sueños, imaginate lo que está fuera de lo común y corriente. Trata de pensar diferente a todo el mundo. En la sociedad estamos acostumbrados a querer pensar todos de la misma manera, el que se sale de ese estereotipo lo pueden juzgar de loco o raro. Y la realidad es que si aprendes a pensar "fuera de la caja" y aprendes a cuestionar todo lo que ves tendrás una visión más amplia del mundo y podrás pensar y lograr cosas en grande.

Y que no te de miedo el fracaso. Tenemos esta otra idea errónea de que el fracasar está mal y vamos por la vida haciendo todo lo posible por no fracasar. Queremos que todo mundo nos vea exitosas y por mantener esta imagen. Muchas veces ni siquiera nos atrevemos a hacer lo que más nos gusta. En algún curso que tomé contaban una anécdota que me dejó más clara esta idea. Contaban que cuando presentaban un nuevo proyecto a inversionistas en Sillicon Valley, la primera pregunta que les hacían a los emprendedores era ¿cuántas veces has fracasado? Y las empresas que tenían el mayor número de fracasos era en las que invertían. Esto tiene bastante lógica, ya que quien no ha fracasado es síntoma de que no ha intentado lo suficiente en el mercado. Entre más fracasos hayas tenido más cerca estás del éxito, partiendo de que con cada fracaso has tomado retroalimentación aprendiendo de tus errores y mejorando tus procesos. Hasta existe un modelo de negocio llamada Lean Start Up, basado en fracasar y fracasar lo más rápido en tu mercado hasta llegar a tener un producto o servicio excelente.

Los resultados extraordinarios rara vez se dan por casualidad. Estos la mayoría de las veces son el fruto de las decisiones que tomamos todos los días y de lo que aprendemos. Si empiezas por hacerte esta pregunta siempre que tienes que tomar decisiones tendrás la respuesta de que es lo esencial y prioritario que debes hacer. "La única cosa". Y esa pregunta es **¿QUÉ ES LA UNICA COSA QUE DEBO HACER PARA QUE TODO LO DEMÁS SEA MÁS FÁCIL?.**

Y la misma pregunta hacértela en todas las áreas de tu vida. Por ejemplo, en tu vida personal:

¿Qué es la única cosa que puedo hacer esta semana que me ayudará a llevar a cabo mi propósito?
¿Qué es la única cosa que puedo hacer este mes para lograr estar en mejor condición física?

O en tu negocio:

¿Qué es la única cosa puedo hacer para incrementar mis ventas este mes?

¿Qué es la única cosa que puedo hacer para tener más clientes?

En tu familia:

¿Qué es "la única cosa" que puedo hacer para mejorar mi matrimonio?

¿Qué es "la única cosa" que puedo hacer para que mis hijas tengan mejores resultados en la escuela?

Y así, sucesivamente, hazte estas preguntas relacionadas con las áreas que quieres mejorar. Y súper importante ya que tengas claro que es "la única cosa" reserva el tiempo necesario para que tomes la acción necesaria.

El enfocarte en "la única cosa" te va a obligar a pensar en grande, organizar tu tiempo, priorizar y crecer de manera exponencial. Así que ya tienes una herramienta más para lograr ver tus sueños cristalizados.

Si te limitas a hacer realmente "una sola cosa" acabarás consiguiendo todo aquello que siempre has querido.

8 TOMA ACCIÓN

El último capítulo es acerca de que lleves todo lo que aprendiste a la práctica. Empieza a tomar acción de manera masiva todos los días porque esa será la única forma de que realmente veas resultados. Si solo te quedas con la teoría y las buenas intenciones de querer crecer y hacer un cambio, te aseguro que ahí se quedará, solamente como una buena idea. Necesitas practicar y practicar todos los días en esos nuevos hábitos que necesitas desarrollar y una vez que te vuelvas a sentir cómoda nuevamente es momento de crear nuevos hábitos y seguir creciendo. Este proceso nunca acaba y deberás acostumbrarte a estar bien con la incertidumbre, con lo desconocido, tener fe y confianza en ti. Enfócate en la única cosa que necesitas hacer todos los días que te llevará a lograr eso que quieres.

Te voy a dar un ejemplo de cómo es que funciona el crecimiento de tu negocio. Al igual que cuando vas al gimnasio y empiezas a levantar peso. Al principio, levantas muy poco porque es lo que tu cuerpo resiste, la segunda o tercera semana te das cuenta que ya no te duelen los músculos y que puedes agregarle más peso, pero si hubieras ido al gimnasio sin levantar peso, sin crear resistencia, tu cuerpo no estaría más fuerte ni más fit. El solo hecho de ir al gimnasio no hace que te vuelvas más fit, tienes que sobrepasar la resistencia mental y después física de la incomodidad que sientes al entrenar para que puedas volverte más fuerte. Lo mismo sucede en los negocios. La misma resistencia que sientes cuando vas al gimnasio es la que sientes cuando estás creciendo tu como persona o cuando estás haciendo crecer tu negocio. Esa misma resistencia será la que te ayude a crecer y a salirte de tu zona de confort, y es la resistencia la que te hará más fuerte. Cuando te caches con pensamientos acerca de tu negocio como "esto está muy difícil", "esto si es un desafío", "esto hará que me salga de mi zona de confort", vas por el camino correcto. Estos pensamientos son positivos y son con los que deberás aprender a lidiar y abrazar esa sensación de resistirte porque es cuando más vas a crecer. Entre más resistencia haya y logres sobrepasarla mayor será tu crecimiento.

Velo como un video juego, en donde cada en etapa lo que buscas es pasar al siguiente nivel. Este nuevo nivel tendrá mayor dificultad y resistencia hasta que logres dominarlo. Y así vas a ir pasando al nivel 3, 4, 5. Irás desarrollando más habilidades cada vez que avances al siguiente nivel. Recuerda que cuando los aviones van a despegar van en contra del viento. Así es como sucede, y si quieres despegar con el viento vas a ir demasiado rápido y te será mucho más difícil. No es recomendable.

Debes de tomar acción y llevar a la práctica todo lo que aprendiste en los capítulos anteriores. Si solo te quedas con la teoría que aprendiste y no lo llevas a la práctica no podrás ver los resultados que quieres. Y no solo tomar acción un día o dos, comprométete a hacerlo ya un hábito, todos los días tomar la acción necesaria para ir logrando tus metas. La consistencia en cualquier acción que tomes en tu negocio y en tu vida es la que te llevará al éxito.

Haz un hábito del sentirte incómoda que sea tu nueva manera de sentirte cómoda. Cuando logres eso, y puedas liderar y salirte de tu zona de confort de manera permanente será cuando conquistes tu vida.

Vas a necesitar estar dispuesta a hacer lo que se requiera para ver resultados porque eso es realmente lo que quieres en tu vida, lograr tus sueños.

Este es tu momento y el llamado a jugar en grande y convertirte en una mejor persona. Por alguna razón decidiste comprar este libro. Y la razón es porque quieres pasar al siguiente nivel. Es tu tiempo y es momento de dejar las excusas atrás y las historias del pasado. Mantén una mente abierta y mantente alerta a tus nuevos pensamientos y comportamientos ya que es el momento de empezar a crecer.

Tú y nadie más que tú eres la responsable de cómo te ha ido en la vida y de cómo quieres que te vaya. Aprende a crecer y a entender que el propósito de este libro es que te conviertas en una ganadora.

No te olvides de la parte de trabajar todos los días en tu mindset (mentalidad). Reprograma tu mente, rompe tus paradigmas y la manera en cómo te habías visto. ¡Sigue tomando acción todos los días y confía siempre en ti¡."

ACERCA DEL AUTOR

Paloma Peña es una exitosa emprendedora con experiencia de mas de 15 años en distintas industrias: restaurantera, gubernamental, espectáculos y de servicios.

Actualmente, CEO-Fundadora de BpowerConsulting, empresa de Consultoría dedicada a ayudar a empresarios a incrementar la rentabilidad de sus negocios.

La visión de Paloma Peña es romper paradigmas en la manera en como vemos el trabajo. Afirma que "No solo se trata de intercambiar tu trabajo por un sueldo. El trabajo es la expresión mas natural de nosotros mismos, la esencia de nuestros poderes naturales acorde con las necesidades del mundo. Esta es la realización más pura del potencial humano".

www.ingramcontent.com/pod-product-compliance
Lightning Source LLC
Chambersburg PA
CBHW032000190326
41520CB00007B/301